MÃE SEGUNDO O CORAÇÃO DE DEUS

Dez maneiras de amar seus filhos

Elizabeth George
AUTORA DE *UMA MUL...*

© 2005 por Elizabeth George
Publicado originalmente por Harvest House Publishers

Título original
A Mom After God's Own Heart

1ª edição: abril 2006
7ª reimpressão: agosto de 2025

Tradução: Lena Aranha
Revisão: João Guimarães
Diagramação: Patricia Caycedo
Capa: Douglas Lucas
Editor: Aldo Menezes
Editor-assistente: Fabiano Silveira Medeiros
Assistente editorial: Raquel Carvalho Pudo
Coordenador de produção: Mauro Terrengui
Impressão e acabamento: Imprensa da Fé

As opiniões, as interpretações e os conceitos desta obra são de responsabilidade de quem a escreveu e não refletem necessariamente o ponto de vista da Hagnos.

Todos os direitos desta edição reservados à
Editora Hagnos Ltda.
Rua Geraldo Flausino Gomes, 42, conj. 41
CEP 04575-060 — São Paulo, SP
Tel.: (11) 5990-3308

E-mail: editorial@hagnos.com.br
Home page: www.hagnos.com.br
Editora associada à Associação Brasileira de Direitos Reprográficos (ABDR)

Dados Internacionais de Catalogação na Publicação (CIP)
(Câmara Brasileira do Livro, SP, Brasil)

George, Elizabeth

Mãe segundo o coração de Deus : dez maneiras de amar seus filhos / Elizabeth George ; [tradução Lena Aranha]. — São Paulo : Hagnos, 2006.

Título original: A Mon After God's Own Heart.

ISBN 85-243-0349-2

Bibliografia.

1. Criação de crianças - Aspectos religiosos - Cristianismo 2. Educação cristã de crianças 3. Mães - Vida religiosa 4. Mães e filhos - Aspectos religiosos - Cristianismo 5. Pais - Aspectos religiosos - Cristianismo I. Título

06-0968 CDD-248.8431

Índices para catálogo sistemático:

1. Mães : Guias da vida cristã : Cristianismo

Sumário

Agradecimentos 5

Uma palavra de boas-vindas 7

Focando o coração 13

**Educando as crianças para Deus...
e para a vida: Dez maneiras
de amar a seus filhos** 31

    1. Separe tempo para nutrir seu coração.. 33
    2. Ensine a Palavra de Deus aos seus filhos.. 51
    3. Fale a respeito de Deus com os seus filhos.. 70
    4. Conte a respeito de Jesus aos seus filhos.. 88

5. Instrua os seus filhos no caminho de Deus 106
6. Cuide de seus filhos 129
7. Leve seus filhos à igreja 149
8. Ensine seus filhos a orar 174
9. Procure fazer o seu melhor 194
10. Fale com Deus a respeito de seus filhos 213

Fazendo as escolhas que fazem a diferença   **233**

Calendário para momentos de quietude   **250**

Agradecimentos

Como sempre, agradeço a meu querido esposo, Jim George, M. Div., Th. M., por sua hábil assistência, direção, sugestões e encorajamento amoroso neste projeto. E um "obrigada" especial por sua sábia contribuição na seção deste livro "Do coração de um pai".

Uma palavra de boas-vindas

Querida mãe,

Sem nem mesmo nunca a ter encontrado, posso contar-lhe algumas coisas muito especiais! Por quê? Porque você decidiu ler este livro. Quando observamos o título do livro, fica bastante óbvio que você deseja ser Mãe segundo o coração de Deus. Este livro está cheio de informações de 'como' fazer que lhe mostrarão como realizar o desejo de seu coração de mãe – como se tornar Mãe segundo o coração de Deus. No momento em que começamos nossa jornada juntas, gostaria de apresentar algumas coisas que tornarão nossa caminhada mais agradável.

Abra seu livro... e alegre-se com ele! A informação vital está aqui. O encorajamento está aqui. A Palavra de Deus está aqui. Procurei até torná-lo de fácil leitura para você, mulher ocupada e mãe. Imaginei em minha mente você lendo este livro em seu momento de quietude, depois de deixar as crianças na escola... ou enquanto troca as fraldas dos pequenos... ou enquanto espera seu filho adolescente chegar em casa... ou enquanto você balança seu bebê para fazê-lo dormir... ou talvez mesmo enquanto seus filhos aproveitam uma brincadeira no parque e você se reclina contra uma árvore. Aproveite o seu livro! Carregue-o com você e deixe a Palavra de Deus instruí-la e lhe dar o poder de impulsionar e uma pancadinha nas costas, tudo ao mesmo tempo.

Abra seu coração... para as prioridades e tópicos abordados neste livro. Mãe, eles são feitos sob medida para você. Eles lhe darão a sabedoria e a linha diretriz de Deus para o principal papel de sua vida.

Abra seu coração... por meio da oração para o Espírito Santo. Peça a Ele que ilumine a Palavra, para ajudá-la a entender os planos e as prioridades de Deus para sua vida, tudo acompanhado pela transformação do coração e da alma.

Abra seu coração... para os outros. Olhe à sua volta. Há outras mães em sua igreja ou vizinhança que se beneficiariam com o aprendizado sobre tudo o que significa ser uma mãe? Convide-as a também ter *Mãe segundo o coração de Deus* e caminhem juntas ao longo do livro. Assim, vocês crescerão como mães e nas coisas do Senhor. E para realmente acelerar sua compreensão, caminhe ao longo do *Guia de crescimento e de estudo* de *Mãe segundo o coração de Deus*.

Abra seu coração... e sonhe! Sonhe com tornar-se a mãe que você anseia ser – Mãe segundo o coração de Deus.

E agora coloquemos os pés nesses sonhos! Oro para que o conteúdo deste livro, designado especialmente para mães como você, a encoraje, a anime, a instrua e a inspire a seguir em frente segundo o coração de Deus.

No grande e surpreendente amor do Senhor,
Sua amiga e companheira, mãe em Cristo,

Elizabeth George

Focando o coração

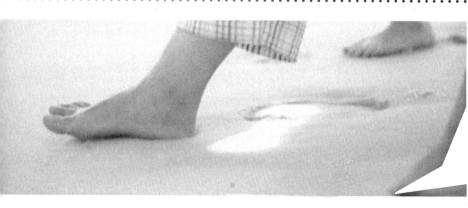

Focando o coração

Guarda com toda a diligência o teu coração, porque dele procedem as fontes da vida.
PROVÉRBIOS 4:23

Não importa o que você faz o dia todo... ou na vida... fazer as coisas do jeito que Deus determina é um assunto do coração. Se isso define como gastar o seu dinheiro ou utilizar o tempo, como você trata as pessoas, como se veste ou como trabalha, suas escolhas revelam seu coração. O mesmo é verdade em relação a como você cria seus filhos – não importa a idade deles.
Por que a situação do coração – tanto o seu de mãe quanto o do seu filho – é tão crítica? A Bíblia responde a essa questão tão importante.

No coração de todas as coisas

Como você já sabe por experiência pessoal, o coração é o órgão vital da vida. É óbvio para todos que o coração ocupa o lugar principal no corpo físico. Mas o coração, como usado na Bíblia, também sustenta toda nossa atividade mental e moral, inclusive a emocional, a habilidade de raciocinar e a vontade. O coração também é usado figuradamente para a "secreta primavera da vida pessoal".[1] Por isso, Deus nos adverte e instrui para guardar "com toda a diligência o teu coração, porque dele procedem as fontes da vida" (Provérbios 4:23).

> Deus modela a mãe segundo Seu coração primeiro no interior – no íntimo da mulher e de seu coração – e, depois, opera no exterior.

Em outras palavras, nós "mostramos todo o nosso ser para Deus... [e] o coração é o primeiro. Ele fala da vida interior, da mente, dos pensamentos, dos motivos e dos desejos. A mente é a fonte de onde as ações fluem. Se a fonte é pura, o riacho que flui dela é puro. Como um homem pensa, assim ele é".[2]

Contudo, o que isso tem a ver com ser mãe? Primeiro, precisamos saber quão importante é o coração de nosso filho. W. E. Vine, ao dar perspectivas a partir de Mateus 15. 19,20, escreveu: "A depravação humana está no 'coração', porque o pecado é um princípio que tem lugar na vida interior do homem e, assim, 'corrompe' todo o circuito de suas ações". Essa é a má notícia. Mas, a segunda (e aqui estão

---

[1] VINE, W. E. *Vine's expository dictionary of Old and New Testament words*. Nashville: Thomas Nelson Publishers, 1997, p. 537.

[2] MACDONALD, William. *Enjoying the Proverbs*. Kansas City, KS: Walterick Publishers, 1982, p. 31.

as boas novas), as Escrituras julgam o coração como "a esfera da influência divina" (veja Romanos 2:15; Atos 15:9).[3]

Aqui, portanto, minha companheira mãe, está nosso duplo desafio. Para educar (e manter em educação!) um filho segundo o coração de Deus, devemos ir até o fundo do tenro coração de nosso filho e plantar a semente da Palavra de Deus enquanto oramos fervorosamente pela "influência divina". Ao mesmo tempo, devemos nos dedicar a ensinar, com diligência, sobre o pecado, como lidar com ele, além de disciplinar o pecado que é parte da vida de toda criança.

Mas onde começa todo esse serviço materno de compromisso, de oração, de dedicação, de negociação e de disciplina? Ele começa em *seu* coração, querida mãe!

Como mães, nosso trabalho designado por Deus é criar filhos segundo o coração de Deus – filhos que procurem obedecer ao Senhor e, confiantemente, conheçam a salvação por meio de Jesus Cristo. E o seguir por meio do plano de Deus para nós depende totalmente de nosso coração. É tudo sobre executar as instruções Dele para nós. Ele quer que nosso foco seja o dar nosso coração, alma, mente, força e tempo para influenciar e moldar o coração de nossos filhos para que eles se voltem para Ele e Seus propósitos.

Crianças com um coração segundo Deus

Você, provavelmente, pode pensar em homens e mulheres da Bíblia que tinham o coração segundo Deus, que caminharam segundo o Senhor. Mas há também uma quantidade de crianças na Bíblia que tinham o coração segundo Deus, das mais variadas faixas etárias, desde pré-escolares e pré-adolescentes

---

[3] VINE, *Vine's expository dictionary*, p. 537.

até jovens adultos. Essas crianças amaram e serviram a Deus de várias maneiras. E cada uma de suas histórias tem lições para nós como mães segundo o coração de Deus, independente da idade de nossos filhos.

Samuel – Todos, desde as criancinhas até as avós, gostam da mesma maneira da história da resposta do menino Samuel ao chamado de Deus. (Você pode ler sobre essa parte da vida de Samuel em 1Samuel 3:1-21). Isso é o que sonhamos para o desenvolvimento de nossos filhos... que eles nunca saibam o que é não amar e não seguir a Deus. Esta é a maneira como vejo Samuel. Ele é um jovem menino como muitos que, com cerca de doze ou treze anos, crê, ouve o chamado de Deus... e responde a Ele.

O que tornou Samuel uma criança segundo o coração de Deus? Em 1 Samuel 3, lemos que –

> o Senhor chamou: Samuel! Samuel!
> Ele respondeu: Eis-me aqui.
> Depois veio o Senhor, parou e
> chamou como das outras vezes...
> Ao que respondeu Samuel:
> Fala, porque o teu servo ouve (v. 4,10).

Pelo cerne das ações do menino Samuel, fica claro que "crianças (mesmo de pouca idade) podem assumir significantes compromissos espirituais e fazer contribuições substanciais para o trabalho de Deus".[4]

De onde surge um coração desses? Certamente, primeiro e principalmente, ele vem do próprio Deus. Ele é o Executor e o Criador de todas as coisas boas, inclusive o coração que

---
[4] KENDRICK, Michael e Lucas, Daryl. *365 Life lessons from Bible people*. Wheaton, IL.: Tyndale House Publishers, Inc., 1996, p. 92.

ouve, escuta, responde e corresponde a Ele. Mas no rodapé dessa correta correspondência podemos acrescentar "[...] e da mãe de Samuel". Quem foi ela? Seu nome era Ana, uma mulher que orou a Deus e fez um voto, dizendo:

> Ó Senhor dos exércitos! se deveras atentares
> para a aflição da tua serva [...] mas lhe deres um
> filho varão, ao Senhor o darei por todos os dias
> da sua vida
> (1Samuel 1:11).

A resposta a essa oração do coração de Ana foi Samuel... que foi dedicado ao Senhor antes de ser concebido! E para cumprir seu voto, Ana levou Samuel à casa do Senhor, em Siló, após ser desmamado, quando ele tinha cerca de três anos. E ela levou seu pequeno filho para Eli, sacerdote de Deus, para ser criado sob sua supervisão direta e instruído à sombra da casa do Senhor.

> **A maior alegria de uma mãe é entregar completa e inteiramente o seu filho a Deus.**

Aos três anos, parecia que o pequeno Samuel estava em seu caminho para se tornar uma criança segundo o coração de Deus. Desde a mais tenra idade, ele "[...] ficou servindo ao Senhor perante o sacerdote Eli" (1Samuel 2:11). Onde seu coração começou a ser moldado? De novo, tudo começou no plano de Deus. Mas outro fator no plano de Deus foi a fidelidade daquela mãe segundo o coração de Deus. Imagine... uma mãe fazer a mesma oração de Ana em 1Samuel 2:1-10! (Certifique-se de lê-la para si mesma).

Imagine o fervoroso amor dela por Deus, o conhecimento que Ana tinha de Deus por meio do Pentateuco (os primeiros cinco livros da Bíblia) e sua conduta perante o povo ao longo da História. Imagine o seu intenso ensino ao seu pequeno e suas apaixonadas orações a seu favor quando ela se preparou para levar seu pré-escolar a Siló.

Oro para que eu e você tenhamos tão ardente dedicação a Deus – bem como semelhante dedicação em ensinar e instruir nossos filhos.

Davi – Foi o primeiro homem segundo o coração de Deus (veja 1Samuel 13:14). Mas ele também foi um menino segundo o coração de Deus. Os estudiosos acreditam que Davi tinha entre dez e dezesseis anos quando Samuel, que cresceu para ser um profeta e sacerdote, o ungiu para ser rei de Judá.[5] O jovem foi criado para ser pastor. E lá, no declive das ondulantes colinas de Judá, Davi, já um jovem apaixonado por Deus, enquanto tomava conta das ovelhas de seu pai, escreveu orações para Deus e as cantou ao Senhor em seu instrumento de cordas. Um estudioso, quando concluiu o estudo sobre a vida de Davi, escreveu uma homilia intitulada *God's love for little boys* (*O amor de Deus por meninos pequenos*): "É impossível superestimar as grandes coisas que se tornam possíveis quando uma jovem vida é entregue ao Deus Todo-Poderoso".[6]

E de onde vem um coração tão brando para Deus em um menino pequeno? É claro, isso começa no plano soberano de Deus. Mas observe também a árvore genealógica espiritual de Davi:

> Salmom [que casou com Raabe] gerou a Boaz e
> Boaz [que casou com Rute] gerou a Obede
> Obede gerou a Jessé, e Jessé gerou a Davi
> (Rute 4:21,22).

---

[5] POWELL, Ivor. *David: His life and times – A biographical commentary*. Grand Rapids, MI: Kregel Publications, 1990, p. 24.
[6] Ibid., p. 27.

Esses homens e mulheres, maridos e esposas, pais e mães e avôs e avós estavam cheios de fé e eram usados por Deus. A Bíblia não nos conta muito sobre os pais de Davi, mas nos conta sobre a linhagem de Davi e sobre seu amor por Deus desde a sua juventude... bem como que seu conhecimento de Deus veio de alguma fonte fiel e obediente.

Você é Mãe segundo o coração de Deus pronta e desejosa de ser usada por Deus na vida de seus filhos? Peça, então, a Deus que a ajude a passar fielmente sua fé e confiança em Deus de geração a geração, assim seus pequenos serão meninos e meninas e jovens homens e mulheres segundo o coração de Deus. Faça disso uma oração regular de seu coração.

> **Deus opera por meio de pais fiéis que, apesar de dias sombrios e difíceis, caminham obedientemente com Ele.**

Daniel e seus amigos – Todos amam também a incrível narrativa de Daniel e de seus três amigos – Sadraque, Mesaque e Abede-Nego – levados cativos para a Babilônia pelo rei Nabucodonosor. Lá eles foram selecionados para uma cuidadosa instrução para servir ao rei. Afirmo que eles eram "o melhor dos melhores" porque os jovens, para ser preparado para o serviço governamental real, tinham de ser bonitos, fisicamente perfeitos, mentalmente espertos e socialmente equilibrados e polidos (veja Daniel 1:4). Mas você sabia que muitos estudiosos acreditam que esses quatro amigos, no início do livro de Daniel, eram adolescentes, "crianças... com cerca de catorze ou quinze anos"[7] ou entre catorze e dezessete anos?[8]

---

[7] PFEIFFER, Charles F. e HARRISON, Everett F. *The Wycliffe Bible commentary*. Chicago: Moody Press, 1990, p. 773.
[8] MACARTHUR, John. *The MacArthur study Bible*. Nashville: Word Bibles, 1997, p. 1227.

E quem eram os pais de Daniel e de seus amigos? Ninguém sabe com certeza. Mas eis aqui o que sabemos. Esses quatro prisioneiros eram "filhos de Israel" (v. 3): descendentes do patriarca Jacó (também conhecido como Israel). Eles também eram de "linhagem real" (v. 3). Em outras palavras, eles eram da família de Davi. E eram "filhos de Judá" (v. 6), a mais nobre tribo de Israel. Mas sejam quem forem seus pais, as ações e as escolhas que esses jovens fizeram dão testemunho sonoro e erguem um sólido caso de que a instrução que seus pais lhes deram foi extremamente vigorosa e piedosa. Na adolescência, quando tantos jovens questionam ou fogem de sua criação, esses jovens fizeram o oposto. De fato, eles queriam tomar a decisão que honrava a Deus e permaneceram firmes em sua fé... mesmo que isso significasse a morte.

> **Com uma vida familiar e educação piedosa, a criança aprende como viver uma vida piedosa em um mundo pecador.**

Agora, imagine *seu* filho com catorze ou dezessete anos, longe de você e tendo de fazer uma escolha tão difícil. O que você acha que seu filho adolescente escolheria? Ou se seu filho é mais novo, o que você espera que ele escolha e ora para que escolha?

Você está entendendo isso, querida mãe? (Bem, eu estou!) Como mães segundo o coração de Deus, devemos educar, instruir e aconselhar nossos filhos a cada oportunidade que se apresenta. A verdade de Deus deve ser comunicada a eles. E precisamos orar, orar e orar para que Deus inscreva nosso ensino fiel de sua Palavra no coração de nossos filhos (veja Provérbios 3:3). Pois quem sabe – como Daniel e sua turma – que momentos e escolhas difíceis surgirão para os nossos amados filhos?

Timóteo – Eis aqui outro jovem homem segundo o coração de Deus. Quando Timóteo estava, muito provavelmente, no fim da adolescência ou início da década dos vinte anos,[9] o apóstolo Paulo se referiu a ele como "meu verdadeiro filho na fé" (1Timóteo 1. 2). Com o tempo, esse jovem tornou-se discípulo de Paulo e o braço direito desse apóstolo.

Como isso aconteceu? E, de qualquer maneira, quem era Timóteo? Eis aqui o que sabemos sobre a sua família.

- ❖ *O pai de Timóteo* era gentio e "grego" (Atos 16:1) e não acreditava em Jesus Cristo.
- ❖ *A avó de Timóteo, Loide,* era uma judia que conhecia e compreendia o Antigo Testamento muito bem para responder ao evangelho de Cristo quando Paulo e Barnabé vêm à cidade dela (veja Atos 14:6,7,21,22).
- ❖ *A mãe de Timóteo, Eunice,* era "uma judia crente" (Atos 16:1) e ajudou sua mãe Loide abraçar Cristo como seu Salvador.
- ❖ *Sobre Eunice e Loide,* Paulo escreveu para Timóteo: "[...] trazendo à memória a fé não fingida que há em ti, a qual habitou primeiro em tua avó Loide, e em tua mãe Eunice e estou certo de que também habita em ti" (2Timóteo 1:5).

Assim, como surge um Timóteo? Em que fornalha foi forjado esse jovem piedoso? Primeiro e principalmente, de Deus. E, adicionalmente, do coração da família e das orações dela. No caso de Timóteo, foram duas parentes piedosas

---

[9] Ibid., p. 1662.

– mãe e avó dedicadas. Ainda que seu pai não acreditasse em Cristo, Deus colocou mulheres piedosas na vida do menino Timóteo, um time espiritual de primeira. E elas forneceram a semente e cultivaram o solo em que sua fé em Cristo se enraizou, floresceu, e cresceu.

Você precisa de incentivo? Coloque estas palavras no coração: "A mãe de Timóteo, apesar da divisão dentro de sua casa, instilou nele o caráter da fidelidade que ele carregou em sua vida adulta... Não afaste sua luz de casa: nossas famílias são campos férteis para receber a semente do evangelho. Essa é a terra mais difícil de trabalhar, mas seus campos fornecem as maiores colheitas. Deixe seus [filhos]... conhecerem sua fé em Cristo".[10]

> O papel de pais piedosos é se certificar de que o coração e a mente de seus filhos estão embebidos com a Palavra de Deus.

Maria – Aqui está uma jovem mulher segundo o coração de Deus. Maria, a mãe do Senhor, tinha apenas catorze anos quando achou "graça diante de Deus" (Lucas 1. 30). Ela foi escolhida para ser o vaso humano para a vinda física do Filho do homem ao mundo. Ela era uma mulher nobre, rica ou culta? Não. Ela era casada com alguém de destaque na sociedade? Não. Na verdade, ela não era casada.

Bem, então quem era ela? Que qualificações Maria tinha para ser abençoada e honrada..., bem como para merecer a confiança de Deus? O motivo de ela ser a escolhida era o foco que tinha em seu coração. Veja, Maria era uma mulher

---

[10] KENDRICK e LUCAS. *365 Life lessons*, p. 355.

– embora jovem – segundo o coração de Deus. Ouvimos o coração de Maria em relação a Deus nestas duas ocasiões:

❖ *A resposta de Maria para Deus* – Quando soube das coisas misteriosas que estavam para acontecer com ela – sobre os detalhes do nascimento de Jesus – Maria respondeu: "Eis aqui a serva do Senhor; cumpra-se em mim segundo a tua palavra" (Lucas 1:38).

❖ *A resposta de Maria em oração* – Jesus, o filho de Maria, disse: "[...] pois do que há em abundância no coração, disso fala a boca" (Mateus 12:34b). E é exatamente isso que ouvimos no "Cântico de Maria" (veja Lucas 1:46-55).

De seu meigo e jovem coração jorra a própria Palavra de Deus. Ele espelha as orações, a lei, os salmos e os profetas da Bíblia, os quais Maria sabe de cor, e os lábios dela deixam escoar o conteúdo de seu coração. Seu coração, sua alma e sua mente estão embebidos com a verdade de Deus.

Como pode ser isso? Como tal coisa pode acontecer para uma simples adolescente – e ser verdade? Sabemos que isso foi obra de Deus... e a escolha de Deus. A jovem Maria encontrou favor junto a Ele, o Soberano, e o Senhor a agraciou e a abençoou entre todas as mulheres (veja Lucas 1:42).

E quem eram os pais dela? Não sabemos. Mas sabemos que, culturalmente, principalmente em casa, Maria foi ensinada, encorajada, instruída e educada nas Escrituras como mulher. *Alguém* em sua família certificou-se de que ela viesse a conhecer a Deus.

— Resposta do coração —

Você está animada para viver como mãe o plano de Deus para a sua vida? Encorajada a fazer isso? Sedenta por isso? Fazer as coisas do jeito de Deus sempre é um assunto do coração. Isso inclui escolher focar seu coração em criar seus filhos da maneira de Deus e orar a cada segundo para que eles desenvolvam um coração segundo Deus.

Querida mãe, não importa qual seja a sua situação em casa – se seus filhos creem em Jesus Cristo ou não, se eles são jovens ou mais velhos, se o pai deles é cristão ou não (se há um pai ou não!), se você tem fé há pouco tempo ou sabe muito sobre fé, se já faz anos que você ignora e negligencia a Palavra de Deus – procure fazer o melhor possível agora. A partir deste segundo, dê o melhor de você.

E como você quer que seus filhos amem e sigam a Deus, foque seu coração em Deus e deixe que seus filhos vejam que você ama e segue a Deus. Apenas seja Mãe segundo o coração de Deus. Ele a ajudará a cuidar de tudo o mais que a maternidade envolve.

Do coração de um pai

Olá, aqui é Jim George, marido de Elizabeth, e pai de nossas duas filhas crescidas, as quais estão agora enfrentando as dores de tentar criar seus sete pequeninos para que sejam crianças segundo o coração de Deus. Ao longo deste livro, pegarei minha caneta para acrescentar meus pensamentos e conselhos sobre o que significa ser Mãe segundo o coração de Deus, a mulher que procura criar os filhos segundo o coração de Deus. Meu objetivo é...

❖ Incentivá-la em seus esforços. A maternidade cristã é uma tarefa difícil! Mas tenha em mente que você está atendendo a um dos mais altos chamados de Deus para a sua vida – criar seus filhos para amar e servir a Jesus Cristo.

❖ Fornecer a perspectiva de um pai e marido nesse assunto sério de educar as crianças para os propósitos de Deus. Seu marido pode estar, ou não, praticamente envolvido nesse processo diário. Ou ele pode ser um homem cujo trabalho o mantém afastado de casa mais que qualquer de vocês gostaria (como era o caso para Elizabeth e eu). E é provável que seu marido seja um homem muito ocupado enquanto provê financeiramente para você e as crianças.

Cada um desses cenários reais adiciona pressão sobre você. Mas tenho esperança de trazer novas percepções sobre a importância de seu papel e de suas responsabilidades como mãe. Também lhe darei alguma ajuda em linhas paralelas de como comunicar-se com seu marido sobre os assuntos de família.

Apresentarei sugestões e princípios que os beneficiarão como pais. E se seu marido estiver interessado no que você está fazendo e lendo, compartilhe com ele esta seção – ou qualquer parte deste livro sobre o assunto em questão.

Como você sabe, a maternidade é um desafio. Mas tudo que vale a pena é assim, e ninguém nem outra atividade podem ser mais importantes para você que sua família – exceto Deus. Assim, lembre-se das palavras do apóstolo Paulo para o seu coração...

[...] sede firmes e constantes, sempre abundantes na obra do Senhor, sabendo que o vosso trabalho não é vão no Senhor (1Coríntios 15:58).

> Qualquer que seja o esforço, a privação, o sacrifício ou o inconveniente que ser mãe requer de você, seu difícil trabalho *nunca* é em vão no Senhor.
>
> Agora, com devoção, pense sobre "Pequenas escolhas que trazem grandes bênçãos", de Elizabeth – escolhas que a ajudarão a ser a mãe que o coração de Deus deseja que você seja.

Pequenas escolhas que trazem grandes bênçãos

1. Desenvolva um gabarito para as suas semanas.

Como são, em média, suas semanas? Que tipos de dias você tem? E como você quer que a sua semana seja? Ou como deve ser a sua semana para que você possa educar (com a ajuda de Deus) seus filhos para que tenham um coração voltado para Deus? A semana é um período absolutamente pequeno para sua vida. Mas como ela é repetida inúmeras vezes, é uma coisa poderosa.

Faça uma sintonia para verificar o que realmente está acontecendo em sua casa, assim você poderá pôr em primeiro lugar as coisas mais importantes. Planeje uma agenda que permita que você e seus filhos tenham tempo para ler a Bíblia ou histórias bíblicas (dependendo da idade deles).

Planeje também que todos estejam prontos a tempo para ir à igreja (roupas, Bíblias, qualquer preparação necessária), assim ninguém fica estressado com o que precisam para estar lá. Depois, organize o seu dia na igreja. Preencha-o com abundância de divertimento e, é claro, como uma boa mãe, prepare muita comida!

2. Analise o seu tempo de assistir à televisão.

(E isso também vale para o tempo de televisão de seus filhos). Você sabe exatamente quanto tempo você, "Mãe segundo o coração de Deus" (e seus filhos "segundo o coração de Deus") utilizam assistindo televisão? Se você gosta de ver televisão, esquematize ou reserve um espaço de tempo para isso. Depois, pense sobre como poderia usar esse tempo para crescer em seu conhecimento de Deus, para pôr as coisas melhores em seu coração e em sua mente, para orar para que sua família siga a Deus.

Como a jovem Maria veio a conhecer as Escrituras que se tornaram o centro de sua oração de louvor? Como Ana administrou seu tempo para incutir aquele ensinamento religioso transformador de vida em seu menininho antes que ele tivesse três anos? Como o jovem Davi encontrou tempo para meditar sobre a natureza de Deus, para escrever suas adoráveis poesias e oferecê-las em canções para Deus? Sabemos a resposta óbvia, não é mesmo? (E isso não tem nada a ver com a televisão – e tudo a ver com o tempo!) Esses atos de devoção aconteceram porque havia *tempo* para que eles acontecessem. Existia também um ardente coração desejoso de que eles ocorressem. Esses crentes fiéis desejavam ardentemente conhecer a Deus.

Querida mãe, com a televisão desligada (ou, pelo menos, com menos tempo em frente à televisão) essas atividades que modelam tanto o coração quanto a alma – da mãe e do filho – são mais prováveis de acontecer.

3. Escolha um livro devocional.

Mãe segundo o coração de Deus alimenta sua alma, mas ela também procura alimentar a alma de seus filhos. Selecione um livro devocional para si mesma e um apropriado para a idade de seus filhos. Depois, separe um tempo diário especial para desfrutarem esses livros. Logo, eles se tornarão tesouros. Se seus filhos sabem ler, faça-os ler o livro deles para você. Se seus filhos são mais velhos, faça-os contar-lhe o que estão aprendendo. E se certifique de também compartilhar como você está crescendo. Leve-os ao caminho do coração de Deus!

4. Memorize um versículo.

Ana conhecia a Palavra de Deus. Maria conhecia a Palavra de Deus. Daniel e seus amigos conheciam a Palavra de Deus. A mãe e a avó de Timóteo (e o próprio Timóteo) conheciam a Palavra de Deus. E Davi cantava a Palavra de Deus. (Você está observando o denominador comum nessas mães e filhos segundo o coração de Deus?) Escolha um versículo para memorizar esta semana. Você não sabe por onde começar? Então memorize Lucas 10:27, Atos 13:22 ou Colossenses 3:2. Todos eles são versículos sobre o coração.

E escolha versículos para seus filhos. De novo, certifique-se de que sejam apropriados à idade deles. Mesmo um bebê de dezoito meses pode lembrar: "Deus é amor" (1João 4. 8), e: "[...] sedes bondosos uns para com os outros" (Efésios 4:32). Depois, celebrando cada versículo aprendido de cor, veja quão criativa você é. Que alegria!

5. Ore para seu coração.

Ser Mãe segundo o coração de Deus e criar os filhos segundo o coração de Deus é "um assunto do coração" – *seu* coração. Assim, minha querida, ore por seu coração. Entregue-o a Deus. E entregue-o para Ele a cada nova manhã que chega com novos desafios. Abra totalmente seu coração para Ele. Dedique-o a Deus (veja Lucas 10:27). Limpe-o e o purifique por meio da oração (Tiago 4:8). Assim, ore de coração pelos queridos e preciosos filhos como apenas você, a mãe deles, pode fazer.

Educando as crianças
para Deus... e para a vida

Dez maneiras de amar a seus filhos

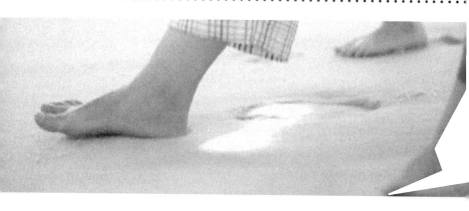

1

Separe tempo para
nutrir seu coração

> E estas palavras, que hoje te ordeno, estarão no teu coração.
> **DEUTERONÔMIO 6:6**

Deus abençoou Jim e eu com duas filhas maravilhosas – Katherine e Courtney – já casadas, respectivamente, há dez e onze anos. E agora elas procuram ser mães segundo o coração de Deus para os sete pequeninos que, se somados, as duas têm. Como elas constantemente me dizem: "Mãe, isso é investimento de tempo. Pois tudo que fizemos para você, estamos recebendo de volta!".

Quando Courtney estava esperando um de seus filhos, nossa igreja, em Washington, fez um chá de bebê para ela, e a esposa de nosso pastor pediu-me que compartilhasse uma devocional com todos durante a festa.

Foi naquele momento em que me sentei para preparar algo para a palestra no chá de bebê que escrevi um breve esqueleto de uma lista que intitulei "Dez Maneiras de Amar a Seu Filho". Acredite-me, isso representou um exercício de pesquisa da alma do começo ao fim da minha Bíblia e a revisão de minhas tentativas na criação de minhas filhas. E, naquela ocasião, foi muito divertido passar minha lista para outras mães e avós, todas com idades variadas e em diferentes estágios do processo de criar filhos.

Assim, muitos anos depois, minha lista de dez princípios para criar filhos fez seu caminho para um de meus livros quando, em um capítulo em particular, escrevi sobre as mães.[11] E no momento em que comecei a falar e a compartilhar essas práticas sobre a maternidade, bem como a interagir com mais e mais mães e avós, Deus plantou em meu coração o desejo de transformá-las em um livro (eu espero e oro para isso!) que ajude mães como você.

Assim, aqui elas estão – dez maneiras de ser uma Mãe segundo o coração de Deus, também conhecida como "Dez maneiras de amar a seus filhos". Conforme prosseguimos, quero pedir que você faça três coisas. Primeiro, por favor, ore. E segundo, por favor, abra seu coração para as Escrituras apresentadas neste livro. Elas são instruções de Deus para as mães – do coração Dele para o nosso. Terceiro, se você quer saber mais sobre ser Mãe segundo o coração de Deus, as questões

> Orar é a única maneira de tornar-se a mãe que Deus quer que você seja.

---

[11] GEORGE, Elizabeth. *A woman's high calling*, Eugene, OR: Harvest House Publishers, 2001, p. 168-81.

adicionais no *Guia de Crescimento e de Estudo*[12] lhe fornecerão até mais informações sobre o que Deus tem a dizer sobre esse assunto vital.

Querida leitora, o Espírito Santo usa e capacita a Palavra de Deus para ensiná-la e transformá-la em Mãe segundo o coração de Deus. Afinal de contas, seu coração é o lugar em que se inicia a criação do filho segundo o coração de Deus. Assim, obviamente, a primeira maneira de amar a seus filhos é reservar um tempo para nutrir seu coração.

Isso tudo diz respeito ao seu coração

Imagine a cena. O povo de Deus enfim chegou à fronteira da Terra Prometida, uma "[...] terra que mana leite e mel" (Deuteronômio 6:3). Eles se reuniram para um tempo de preparação e instrução antes de atravessar o rio Jordão para entrar em seu novo país. Foi nesse momento e lugar que Moisés, o líder deles, lhes apresentou a segunda recitação e revisão das leis de Deus.

No âmago do coração de Moisés havia uma preocupação em relação às gerações vindouras – gerações que não estavam presentes quando Deus, no princípio, entregou a Lei para o Seu povo. Moisés sabia que era crucial que os presentes transmitissem para seus filhos o conhecimento da lei de Deus e a história da conduta Dele com os israelitas. Agora, leia com atenção as palavras de Moisés – e seu coração – em Deuteronômio 6:4-12. Elas contêm instruções importantes para nós como mães de hoje.

---

[12] GEORGE, Elizabeth. *A mom after God's own heart growth and study guide*, Eugene, OR: Harvest House Publishers, 2005. Ainda não disponível em português.

Ouve, ó Israel; o Senhor nosso Deus é o único
Senhor (v. 4).

Amarás, pois, ao Senhor teu Deus de todo o teu
coração, de toda a tua alma e
de todas as tuas forças (v. 5).

E estas palavras, que hoje te ordeno,
estarão no teu coração (v. 6).

[...] e as ensinarás a teus filhos, e delas falarás
sentado em tua casa e andando pelo caminho,
ao deitar-te e ao levantar-te (v. 7).

Também as atarás por sinal na tua mão e te serão
por frontais entre os teus olhos (v. 8).

E as escreverás nos umbrais de tua casa,
e nas tuas portas (v. 9).

[...] guarda-te, que não te esqueças do Senhor
(v. 12).

Já notou quantas vezes Deus usou palavras direcionadas a você nesses versículos que compõem um chamado de Deus para o total comprometimento com Ele? Certifique-se e conte-as você mesma, mas depois de várias tentativas, eu cheguei a 21 vezes. Vinte e uma! Essa repetição de instruções dirigidas diretamente a você deixa claro que a mensagem de Deus para seu coração é que você centre sua vida no Senhor. Em outras palavras, ser mulher – e mãe – segundo o coração de Deus é tudo sobre *você* e *seu coração*. (Espero que isso soe um pouco familiar!)

Uma rápida passada ao longo dos versículos revela o que Deus tem em mente para as mães Dele... e para você.

Versículo 4 – "Ouve, ó Israel; o Senhor nosso Deus é o único Senhor". Essas são as palavras iniciais do *Shema*, a "confissão de fé" judia em um e único Deus. "Esse é o princípio-chave de todas as estipulações da aliança". [13] Hoje – como naquela época – há aqueles que colocam sua confiança em diferentes "deuses". Exatamente, onde está sua confiança? Seu coração? Seu comprometimento? Espero que no Deus da Bíblia!

Versículo 5 – "Amarás, pois, ao Senhor teu Deus". Aqui, Deus a chama para amá-lo com o amor de um coração totalmente comprometido e sem reservas, um amor que inclui "[...] *todo* seu coração... *toda* sua alma e... *toda* sua força". Esse amor deve ser inteiro, todo-ardente em "fogo sagrado"[14] que faz toda sua vida dirigir-se a Deus.

Versículo 6 – Por que é importante que "estas palavras" que fazem parte da lei de Deus estejam em um coração de mãe? Porque Deus sabe que quando sua Palavra e ensinamentos moram no coração da pessoa, essa pessoa pode pensar sobre elas, meditar sobre elas, compreendê-las... e obedecer a elas, o que é o resultado final desejado para cada pessoa (e mãe) segundo o coração de Deus.

Versículo 7 – Uma vez que a Palavra de Deus e suas instruções estejam em seu coração, você pode passá-las adiante e ensiná-las "a [seus] filhos". Você pode colocar Deus e Suas Escrituras no centro da conversa em sua

---

[13] PFEIFFER, Charles F. e HARRISON, Everett F. *The Wycliffe Bible commentary*. Chicago: Moody Press, 1990, p. 164.

[14] HENRY, Mathew. *Matthew Henry's commentary on the whole Bible*, Peabody, MA: Hendrickson Publishers, 2003, p. 244.

casa e, ao longo do dia, fale sobre elas "sentado em [sua] casa e andando pelo caminho", ao deitar-se e ao levantar-se.

Versículo 8 – A instrução desse versículo é que é bom meditar ativamente, durante todo o tempo, sobre os mandamentos de Deus. Você nunca pode esquecer nem afastar-se de algo que está perto de você como um "sinal na tua mão" e "entre os teus olhos".

Versículo 9 – Você deve fazer tudo que for necessário para tornar as Escrituras familiares ao seu coração e para seus filhos... mesmo que isso signifique que as "escreverás nos umbrais de tua casa, e nas tuas portas".

Versículo 12 – Por que toda essa insistência para que você tenha seu coração repleto com as instruções de Deus para, de maneira determinada, passá-las a seus filhos? Deus disse por intermédio de Moisés que isso é para que não se esqueça "do Senhor". Deus proíbe que nós ou nossos filhos – nossa "herança da parte do Senhor" e "galardão" Dele (Salmos 127:3) – esqueçamos o Senhor! A Palavra de Deus em nosso coração nos impede de esquecer Deus – de esquecer nossa dependência Dele, de esquecer a necessidade que temos Dele e de esquecer nossas obrigações para com Ele e para com Seus filhos.

Cuidando de negócios

Querida mãe, você está ouvindo a mensagem de Deus? Antes mesmo de nos tornarmos mães e educar nossos preciosos e queridos filhos, precisamos cuidar dos negócios com Deus. Precisamos cuidar de nosso coração. Veja, *nós* devemos amar o Senhor. E *nós* devemos amar e obedecer à

Palavra Dele. Isso tudo realmente diz respeito a nós, como mães, e a nosso coração.

E o que acontecerá (com a ajuda de Deus) se nosso coração for dedicado a Deus? O que acontecerá se nosso coração estiver cheio de amor pelo Senhor e com as instruções Dele? Seremos mães devotas. E depois... *depois!*... somos mais bem-sucedidas ao ensinar a Palavra de Deus para nossos filhos. A completa devoção ao Senhor deve estar primeiro no coração da mãe – em seu coração e no meu. E, a seguir, empenhamo-nos na educação religiosa de nossos filhos e no diligente ensino da Palavra de Deus.

> **O pré-requisito para ensinar a seus filhos com sucesso sobre Deus é que você ame a Deus completamente.**

Gosto da maneira como um estudioso resumiu Deuteronômio 6. 4-9: "Devemos amar a Deus, pensar constantemente sobre os mandamentos Dele, ensinar seus mandamentos aos nossos filhos e viver cada dia de acordo com as diretrizes da Palavra de Deus". [15]

Deixe a transformação começar

Minhas filhas têm uma diferença de idade de treze meses entre elas, o que significa que durante os anos em que elas passaram em casa eu tinha, com frequência, a impressão de ter filhas gêmeas! Eu, então, realmente precisava ser muito cautelosa, pois havia pouco ou nenhum espaço para perceber os erros que cometera com a primeira para não repetir com a segunda. O que eu fazia – ou não – amando e criando minhas filhas, era feito para as duas ao mesmo tempo.

---

[15] *Life application study Bible*. Wheaton, IL: Tyndale House Publishers, Inc., 1996, p. 269.

Assim, eu logo percebi a importância de ter, em todos os dias e em cada um deles, a poderosa Palavra de Deus em meu coração. Senti o efeito poderoso que isso teve sobre os cuidados com minhas filhas e na atmosfera de nossa casa. E isso também é verdade para você. O que acontece a nós mães quando não reservamos um tempo para nutrir nosso coração? Eis aqui minha lista. Eu...

[...] corro atrás do vento. E quando estamos espiritualmente correndo atrás do vento, nosso coração fica vazio e entorpecido. Sem renovação espiritual, nossa maternidade é vazia, e a evidência de nossa apatia se arrasta para a vida de nossos filhos. Tanto os pais quanto os filhos tornam-se inertes e destituídos de energia espiritual, de propósito, de motivação e de realização.

[...] fico sem entusiasmo. Se ficarmos sem entusiasmo, nossa maternidade torna-se enfadonha e mecânica. Inconscientemente, colocamos a nós mesmas, bem como a criação dos filhos, no piloto automático. Procuramos lutar e desistimos de lutar por padrões e comportamentos divinos. Começamos a tolerar as coisas do jeito que estão. Falhamos no esforço para ver que vivemos fora do chamado de Deus para sermos mães segundo Ele. Falhamos em nos certificarmos de que o coração de nossos filhos é continuamente moldado para o céu.

[...] sinto-me mundana. Se estivermos preocupadas com as coisas deste mundo e fascinadas com as atividades e as recompensas mundanas, nossa maternidade é mundana. Não seguimos os critérios e os caminhos de Deus. Caminhamos nos caminhos mundanos e desempenhamos nossa maternidade nele. Tropeçamos quando tentamos segurar a linha de conduta, e de escolhas, e de disciplina. As coisas deste mundo esgueiram-se para dentro de nossa casa e do coração de nossos filhos.

[...] sinto-me carnal e material. Se estivermos realizando a lascívia da carne em vez de caminhar no Espírito (veja Gálatas 5:16), nossa maternidade mostrará isso. Como Paulo observa: "[...] as obras da carne são *manifestas*" (v. 19; grifo da autora). As obras da carne gritam, clamam, depreciam, xingam, ou podem até mesmo dar tapas, ou sacudir nossos filhos, bem como empurrá-los de cá para lá.

Esse é um assunto muito sério... tudo isso acontece porque a excelência da Palavra de Deus não está nos revigorando nem nos lembrando, com regularidade, os melhores caminhos, o de Cristo. A solução de Deus para isso? Pegue a Bíblia e a leia. Quando fazemos isso, Deus nos toca e transforma nosso coração para que seja o da mãe segundo o coração de Deus.

Força em todos os longos dias

Recentemente, minha filha Courtney teve seu quarto bebê, nossa linda pequena, Grace. Jim e eu estávamos na casa de Courtney, em Connecticut, em nossa tarefa de babás, quando ela e Paul foram, no meio da noite, para o hospital. Ficamos cerca de dez dias para ajudar e facilitar o ajuste de uma família ocupada com um novo bebê.

Trago uma lembrança muito especial comigo... Courtney, todos os dias no café da manhã, sentava-se à mesa com seus filhos de cinco, quatro e dois anos, comia com eles (e cuidava deles), conosco, Jim e eu. (Caso ainda não tenha percebido...

havia seis pessoas para o café da manhã, sem contar um bebê na cesta!) Ao lado do lugar dela, na cabeceira, ficava seu velho e manuseado *One year Bible* (*Um ano de Bíblia*). [16] E depois de a louça ser lavada, a cozinha limpa, os rostos e mãos lavados, e os pequenos serem mandados para a próxima atividade, Courtney sentava de novo à mesa do café da manhã, sozinha, com um grande copo de água... e lia a sua Bíblia.

> **O grau de nossa força espiritual está em proporção direta com o tempo que utilizamos com a Palavra de Deus.**

Agora, eu lhe pergunto, como uma mãe lida com cada longo dia? Como ela administra o dia de maneira que seu casamento, suas tarefas domésticas, o primeiro bebê, o segundo bebê, o terceiro bebê e o quarto bebê – os quais logo se tornam crianças e pré-escolares ativos – agradem a Deus? Resposta: ela lê a Palavra de Deus que a capacita – e produz paz! E fazer isso faz a diferença – uma enorme diferença!

Não sei como outras mães administram o dia para encaixar seu tempo diário com a Bíblia, mas essa é a maneira como uma mãe faz isso praticamente todos os dias, da melhor maneira possível para ela. Esse é um hábito poderoso que cada mãe pode introduzir em sua vida.

— Resposta do coração —

Quanto tempo leva para ler a *One year Bible* – ou qualquer Bíblia? Isso leva cerca de dez a doze minutos por dia. Aproximadamente, o mesmo tempo que uma rápida sessão

---

[16] *The one year Bible*. Wheaton, IL: Tyndale House Publishers, Inc., 1986.

de *internet*. É a metade do tempo de uma boa conversa ao telefone com uma irmã, irmão ou a melhor amiga. É um terço do tempo de um seriado de televisão. É um sexto do tempo de um programa de entrevista na televisão.

Mas você, que tem um coração faminto e determinado, fica abastecida com esses doze minutos dedicados à Palavra. Você fica entusiasmada (de *entheos* que significa *inspirado em Deus* ou *por Deus*), em vez de ficar sem entusiasmo e apática.

> **Para o melhor desempenho, reabasteça-se diariamente com a Palavra de Deus.**

Você coloca de lado o que é mundano e, em seu lugar, fixa sua mente e seu coração nas coisas do alto "[...] onde Cristo está, assentado à destra de Deus. Pensai nas coisas que são de cima, e não nas que são da terra" (Colossenses 3:1,2). E "[...] o fruto do Espírito é: o amor, o gozo, a paz, a longanimidade, a benignidade, a bondade, a fidelidade, a mansidão, o domínio próprio" (Gálatas 5:22,23) – frutos espirituais de Deus que são evidentes.

Lembre-se, a Palavra de Deus faz toda a diferença do mundo em seu coração, em seu dia e em sua maternidade. Esses poucos minutos são importantíssimos: um investimento mínimo para se fazer algo que traz dividendos diários – e eternos – enormes!

Em Provérbios 31:10-31, a mãe excelente e piedosa levanta todos os dias para cuidar do fogo da casa (v. 15) ... e do "fogo sagrado" de seu coração (v. 30). Você não fará o mesmo? É uma pequena escolha que traz grandes benefícios... tanto para o seu coração quanto para o coração de seus filhos. Isso acelera sua sujeição ao caminho para ser Mãe segundo o coração de Deus mais dedicada.

Do coração de um pai

Olá, é Jim George de novo. Penso que você pode observar a importância fundamental deste capítulo quando começa a ser Mãe segundo o coração de Deus. Você não pode transmitir efetivamente para seus filhos o que você mesma não possui. E que bem melhor existe para dar a seus filhos que seu próprio coração e a paixão por Deus?

E você pode fazer a diferença, mesmo que seu marido não seja cristão! Não importa quão pouco apoio você receba dele, você ainda pode marcar seus filhos para a vida e para a eternidade. Por que posso dizer isso com segurança? Porque minha mãe fez exatamente isso em minha vida. Meu pai não era cristão nem estava interessado em coisas espirituais. Minha mãe, contudo, instilou fielmente os princípios de Deus em minha vida.

Ainda posso ver minha mãe com sua Bíblia aberta na mesa da cozinha. Todos os dias, ela sentava-se por alguns minutos, entre suas tarefas, para ler, estudar e orar. E ela sempre falava comigo sobre o que estava lendo, até mesmo, muitos anos atrás, em nossa última conversa aqui na terra. Ela também lia histórias bíblicas para mim quando ainda era menino e estava sob seus cuidados. Foi durante um desses momentos de conversas casuais que ela me apresentou Jesus Cristo como meu Salvador. Ela me levava várias vezes durante a semana à igreja. Não era fácil, mas ela me passou o que era mais precioso para ela – seu amor por Jesus.

Se você está lendo este livro e, como minha mãe, é responsável pela maior parte da educação espiritual de seus filhos, se não toda ela, não fique desencorajada. E também não use sua situação difícil como desculpa. Educar seus filhos é uma obrigação muito importante que Deus lhe deu. Certifique-se de que você também está crescendo espiritualmente, assim pode também ser um modelo espiritual para seus filhos.

Ou se você estiver lendo este livro em conjunto, e seu marido também está envolvido na educação espiritual de seus filhos, certifique-se de não deixar que ele faça tudo sozinho nem espere isso. Seus filhos precisam não apenas de um pai segundo o coração de Deus, mas eles também precisam da Mãe segundo o coração de Deus. Você não deve nunca dar informação espiritual em excesso para seus filhos. Deixe-os saber o quanto Deus é importante para você.

> Minha vida é um testemunho vivo de uma mãe que separou um tempo diário para nutrir o seu coração. E ela, com seu abundante amor por Jesus transbordando de seu coração, nutriu meu coração, e, desse modo, posso, hoje ou em qualquer outro dia, levantar-me e chamá-la de bem-aventurada (veja Provérbios 31:28).

Pequenas escolhas que trazem grandes bênçãos

1. Leia sua Bíblia todos os dias.

Quando faz isso, você ouve a voz de Deus e Suas instruções diretas para você. A Bíblia é o livro supremo para a maternidade, e quando a lê em busca de ajuda, descobre que as palavras de Isaías 30:21 são verdadeiras: "Este é o caminho, andai nele". A Palavra de Deus a guiará em cada passo do caminho ao longo de cada dia.

Seu marido se ausenta muito (ou fica inacessível quando ocorre uma crise)? Ou ele, por escolha própria, não se envolve no Departamento da Educação dos Filhos? Ou está sempre muito ocupado?

Toda mãe vive um desses cenários – ou todos eles – em algum momento de sua carreira materna. Mas quando eles ocorrem, a Palavra certa, fiel, à prova de erros – a instrução de Deus – sempre está lá para ajudá-la a saber exatamente o que fazer. Apenas leia essa Palavra – mesmo que apenas por dez minutos por dia – e seu conhecimento aumentará rapidamente e você se surpreenderá em ver como aprende depressa a lidar com a maternidade totalmente da maneira de Deus!

(Para ajudá-la com essa pequena escolha que traz grande bênção, incluí um "Calendário para os momentos de quietude", no final do livro, a fim de que você possa marcar os dias em que lê sua Bíblia. Você ficará encorajada quando olhar para ele e observar quantos espaços marcou).

2. Aprenda com os patriarcas da Bíblia.

Quando você lê sua Bíblia, encontra exemplos de patriarcas e de métodos de educação – bons (por exemplo, Ana, Maria e José) e maus (Eli, Isaque e Rebeca). Você, por meio deles, pode aprender o que fazer... e o que não fazer... como mãe. Procure anotar o que aprende em forma de princípios (por exemplo, observando Isaque e Rebeca, o princípio poderia simplesmente ser: "Nunca demonstre favoritismo"). Esses princípios a guiarão ao longo dos anos.

3. Comece dizendo não.

A Palavra de Deus a capacita quando você a lê e lhe dá a força que precisa para ser uma mãe amorosa, mas firme. É duro resistir à pressão e dizer *não* ao mundo, aos outros e a seus filhos. É difícil também dizer *não* para você mesma e para sua carne, bem como não é fácil levantar cedo, ficar acordada até tarde e entrar em ação durante a noite sempre que necessário (tudo que é exigido de uma mãe!). É quando a força é absolutamente necessária – toda força espiritual, mental, emocional e física.

Querida mãe piedosa, a força de Deus vem em seu auxílio exatamente nesses momentos a fim de lhe dar a energia necessária para que possa prosseguir com tudo que tenha de fazer para seguir a vontade Dele. Todos seus cuidados maternais se beneficiarão da força que tira de Deus para dizer *não* a tudo que não O honra nem beneficia seus filhos.

4. Aprecie os bons momentos.

O cuidado materno fiel é um trabalho desafiante. Ele é, contudo, verdadeiramente um "trabalho de amor" e, com certeza, uma escolha que traz grandes bênçãos para o coração de todas as mães.

Admita que, às vezes, parece que você nunca consegue uma pausa, que nunca faz uma pausa, que perdeu a oportunidade para fazê-la, que não há esperança nem um fim à vista e que as coisas parecem se tornar piores, em vez de melhorar. É por isso que você precisa prestar atenção àqueles períodos pacíficos e idílicos e nos momentos de alegria e de boa qualidade que acontecem ao longo do dia. Você sabe, aqueles momentos em que todas as coisas estão bem, quando tudo caminha da maneira que você – e o Senhor – quer, quando os filhos são charmosos, encantadores, agradáveis e amorosos.

Agradeça muito a Deus por esses bons momentos. Aprecie-os do fundo de seu coração. Usufrua-os até o fim. E lembre-se deles para sempre ao registrá-los em um caderno especial, álbum ou diário. Fazer isso lhe dá algo a que retornar vezes sem fim quando você precisar ver alguma luz a fim de lembrar-se de alguns bons momentos. Lembrar os bons momentos a mantém por dias a fio, quando você estiver tentada a perguntar-se se vale a pena ser mãe. Recordá-los traz uma fonte de alegria a seu coração... que, em troca, renova seus dias e seu comprometimento com o trabalho que Deus designou para você: o de "criar" seus filhos para Ele.

5. Recuse-se a desistir.

Queime essa "pequena escolha" em seu coração, mente e músculos! Mesmo quando não há mais ninguém – nem marido, mãe ou sogra, irmãs, grupos de apoio, amigos ou mentores – para ajudá-la ou lhe dizer que você está fazendo a coisa certa, que está fazendo um bom trabalho, Deus, por meio de Sua Palavra, lhe declara isto: Muito bem, mãe boa e fiel (veja Mateus 25:21). Quando você separa um tempo para nutrir-se na Palavra de Deus, você recebe – diretamente de Deus! – o encorajamento que precisa para continuar com seu cuidado maternal.

2

Ensine a Palavra de Deus
aos seus filhos

> E estas palavras, que hoje te ordeno, estarão no teu coração; e as ensinarás a teus filhos, e delas falarás sentado em tua casa e andando pelo caminho, ao deitar-te e ao levantar-te.
> **DEUTERONÔMIO 6:6,7**

Oh, a alegria de ter um bebê! Enfim, alguém para amar, para quem cantar músicas de ninar, com quem compartilhar rimas e canções infantis, alguém a quem você quer ensinar tudo que sabe. E que emoção ouvir um dia uma vozinha cantando, recitando e lendo para você!

Cresci com dois brilhantes e dedicados professores como pais. Meu pai ensinava educação vocacional, e minha mãe era professora de inglês. Ela era uma entusiasmada mãe, especialmente quando se tratava de ler para seus filhos. Ela lia... e lia... e lia(!) para mim e meus três irmãos. E, ao longo do dia, ela sempre lançava alguma parte que memorizara de algum poema ou rima. Assim, é provável que você imagine o que comecei a fazer quando me tornei mãe de duas menininhas. Comecei a ler *Mamãe gansa* para elas e a cantar pequenas canções infantis clássicas para elas e com elas.

O ponto de partida para a Mãe segundo o coração de Deus

Depois, milagre dos milagres, com a graça de Deus, tornei-me cristã! Após 28 anos de tropeços em minha vida pessoal e de tentar tudo que aparecia pela frente (qualquer que fosse a moda da época) – filosofia, psicologia, religiões orientais e auto-realização e auto-ajuda – eu ouvi o Evangelho de Jesus Cristo... e Deus graciosamente abriu meu coração para acreditar Nele.

Levei um segundo para pensar na oração de resposta e dizer: "Ei, eu acredito nisso!", e me tornar uma nova criatura em Cristo (2Coríntios 5:17). Eu nasci de novo (João 3:3)! Deus me concedeu um novo coração e uma nova vida do tipo que apenas Ele pode dar! E, querida mãe leitora, aquele segundo em que coloquei minha confiança – meu coração e minha vida – em Jesus foi o início, o ponto de partida, como o é para toda mãe segundo o coração de Deus, inclusive você.

E minha vida mudou quando Deus começou a Sua obra transformadora... o que significa que as coisas também mudaram para minhas filhas. Antes de tudo, consegui uma

Bíblia. E mergulhei na Bíblia e a devorei! Eu estava morrendo de fome... e, oh, estava muito sedenta! Até aquele momento, minha vida era ineficaz, desestimulada e sem propósito. E Deus veio em meu socorro e me pôs sobre pés firmes. Senti-me como Davi deve ter se sentido quando escreveu isto sobre Deus:

> A alma de uma criança é a mais linda flor que cresce no jardim de Deus. [17]

"[...] me tirou duma cova de destruição, dum charco de lodo; pôs os meus pés sobre uma rocha, firmou os meus passos" (Salmos 40:2). Assim, eu li... e li... e li a minha nova Bíblia – uma vez depois da outra e ano após ano. Fiz anotações nela. Memorizei passagens. E a estudei do começo ao fim.

A segunda coisa que me aconteceu, como uma nova "mãe segundo o coração de Deus", foi também começar a ensinar minhas menininhas sobre Deus. Fiz isso por causa de Deuteronômio 6:4-12. Essa passagem marcou minhas decisões em relação à maternidade por toda a vida! Utilizamos o capítulo anterior nesses versículos, mas para o nosso propósito, quero salientar aqui especificamente o versículo 7:

> E as ensinarás a teus filhos, e delas falarás sentado em tua casa e andando pelo caminho, ao deitar-te e ao levantar-te.

Por intermédio desse versículo, Deus falou ao meu coração sobre o coração de minhas filhas. Por meio dele, Ele me mostrou o trabalho designado para mim como uma mãe segundo Seu coração – Ele queria que eu também *ensinasse*

---

[17] "The soul of a child", em Eleanor Doan. *Speaker's sourcebook*. Grand Rapids, MI: Zondervan Publishing House, 1988, p. 51.

segundo Seu coração! E a mensagem Dele também é para você. Em Deuteronômio 6:7, aprendemos...

- *Quem* deve ensinar? Todos os pais crentes.
- *Quem* você deve ensinar? Seus filhos.
- *O que* você deve ensinar? A Palavra de Deus.
- *Como* você deve ensinar? Diligentemente.
- *Quando* você deve ensinar? Todos os dias, durante o dia todo.
- *Onde* você deve ensinar? Em casa e em todos os lugares.

Enquanto falamos a respeito de educar seus filhos para Deus e sobre a importância de ensinar a Palavra de Deus para seus filhos, espero que tenha servido para você já centrar sua vida no Senhor e focar seu tempo e energia Nele. Querida mãe, como concordamos, você e eu devemos amar ao Senhor e a Sua Palavra. Devemos ser o tipo de *mulheres* que Deus quer que sejamos, o que nos torna o tipo de *mães* que Deus quer que sejamos. As instruções de Deus para os pais começam assim: "E estas palavras, que hoje te ordeno, estarão no teu coração" (Deuteronômio 6:6). Quando isso é verdade em relação ao nosso coração podemos, com sucesso, ensinar a Palavra de Deus para nossos filhos.

> **Aquele que ensina a Bíblia nunca é um estudioso, ele é sempre um**

Educação cristã elementar

Você acha que precisa ter diploma de professora, de credenciais ou de experiência para fazer o que Deus pede que as mães da Bíblia segundo o coração do Senhor façam? Bem, boas novas! Você não precisa! Tudo que você precisa é de um coração ansioso para responder ao chamado de Deus para você, conforme Deuteronômio 6. 7. Deus não exige nada mais de você além de um coração que deseje segui-lo e obedecer à Sua ordem para ensinar a seus filhos. Ele espera que as mães segundo Ele desempenhem esse importante papel:

> Filho meu, [...] não abandones *a instrução de tua mãe* (Provérbios 1:8 e 6:20; grifos da autora).

> As palavras do rei Lemuel, [...] que *lhe ensinou sua mãe* (Provérbios 31:1; grifos da autora).

Na Bíblia, ensinar os filhos quase parece ser a tarefa Número Um dos pais cristãos. A Bíblia ordena: se você ama a seus filhos, ensine-os... e quanto mais cedo começar melhor. Assim, querida mãe, ensine seus pequenos que estão em fase de crescimento... e não importa o que você decida ensinar sobre a Palavra de Deus. As mães me contam o tempo todo: "Mas meus filhos não querem fazer a devocional. Eles não querem sentar e me ouvir ler a Bíblia ou contar histórias bíblicas para eles". E sempre respondo da mesma maneira: "Dê a seus filhos o que eles precisam, não o que eles querem". Você é a adulta. Você sabe o que é melhor e a sabedoria que precisarão no futuro. Você também está no comando como "agente de Deus". Você tem um "mandado para agir"[18] e para ensinar. Isso não quer dizer que você não possa tornar seu ensinamento agradável e interessante. Consulte outras mães e professoras da Escola Dominical para ter ideias. E verifique livros e jogos para tornar seu tempo de ensino com seus filhos produtivo e divertido.

---

[18] TRIPP, Tedd. *Shepherding a child's heart*. Wapallopen, PA: Shepherd Press, 1995, p. 29-32.

Seu ensino religioso para seus filhos dá a eles uma base de informações (a verdade de Deus) a partir das quais eles vivem no caminho de Deus. Suas instruções os capacitam para atuar com sabedoria ao longo da vida e os ajuda a evitar quaisquer erros ou desgostos. Por essa razão, a mãe sábia certifica-se diariamente que seus filhos ouçam as instruções da Lei de Deus, a Palavra de Deus.

> **Quem foi mais bem ensinado? Aquele que primeiro aprendeu com sua mãe.**
> TALMUDE

Do berço ao túmulo

Quando deve a Mãe segundo o coração de Deus começar a ensinar a seu pequenino? Enquanto pesquisava Deuteronômio 6:7, achei essa linha diretriz baseada no costume judeu: "O judeu tem vida religiosa desde o berço até o túmulo. O rabi coloca no quarto ocupado pela mãe e seu filho recém-nascido um papel escrito, em hebraico, com o Salmo 121".[19] Esse salmo específico contém uma poderosa garantia de que Deus é nosso auxiliador, defensor, protetor e preservador ao longo de toda a nossa vida.

Imagine o coração, a fé e a emoção da mãe que segura seu bebê e ora o Salmo 121 para seu recém-nascido: "O Senhor é quem te guarda; o Senhor é a tua sombra à tua mão direita. De dia o sol não te ferirá, nem a lua de noite. O Senhor te guardará de todo o mal; ele guardará a tua vida. O Senhor guardará a tua saída e a tua entrada, desde agora e para sempre. [...] Não deixará vacilar o teu pé; aquele que te guarda não dormitará. Eis que não dormitará nem dormirá" (v. 5-8,3,4).

---

[19] MACKIE, G. M. *Bible manner and customs*. Old Tappan, NJ: Fleming H. Revell Company, n. d., p. 158.

Eis um comovente exemplo de uma mãe com coração para ensinar a Palavra de Deus a seu filho "desde o berço". Eu ouvi a respeito disso quando participei de um almoço para arrecadação de fundos para um centro de gestações de risco. Na reunião, a mãe que comandava o evento nos comoveu, quando nos contou sobre uma adolescente solteira grávida que se tornou cristã por intermédio do ministério desse centro específico. A grávida – perdoada e agradecida a Deus por ser mãe – começou a memorizar versículos bíblicos para sua própria alma... e, depois, começou a pensar no bebê a partir da visão bíblica. Assim, ela começou a recitar os versículos para sua barriga e para a pequena pessoa que estava lá.

Quando seu aniversário chegou, essa adolescente (que estava se tornando uma mulher segundo o coração de Deus) pediu e recebeu permissão do hospital, em que teria o bebê, para levar seus versículos memorizados para a sala de parto. Por que ela pediu isso? Porque ela queria que o primeiro som que seu bebê ouvisse fosse a Palavra de Deus. Ela queria segurar o bebê recém-nascido nos braços e ler – ensinar – em voz alta a Palavra de Deus desde o primeiro minuto, o primeiro dia, que ela fosse a primeira palavra para aquela pequena vida.

Agora, ela é Mãe segundo o coração de Deus! Uma mãe nunca começa cedo demais a *ensinar, diligentemente*, a Palavra de Deus *para seus filhos*.

"Estimulando" o coração do filho

Exatamente o que significa ensinar diligentemente a Palavra de Deus para seus filhos? Algumas pessoas dizem que a instrução de Deuteronômio 6:7 poderia ser lida assim:

Deve-se "estimular" diligentemente as crianças. Espiritualmente falando, "estimular" significa repetir, com frequência, as palavras de Deus para seus filhos a fim de tentar de toda e qualquer maneira instilar as Escrituras na mente de seus filhos para que penetrem no coração deles.

Eis a maneira como isso acontece. Sabemos que para afiar uma faca, ela primeiro é virada de um lado, depois do outro lado, e golpeada, sistemática e vagarosamente, várias vezes, de um lado e do outro, na pedra de afiar. Os pais dedicados devem, da mesma maneira, ensinar cuidadosa e persistentemente a Bíblia para seus filhos. O objetivo deles é incentivá-los espiritualmente, para que tenham um comportamento cristão. [20] Os esforços repetidos de pais dedicados a incentivar o apetite de seus filhos pelo "leite" e, por fim, por "comida sólida" – a refeição – da Palavra de Deus (veja Hebreus 5. 12-14 e 1 Pedro 2. 2).

Sim, mas como?

Deus não apenas nos diz que ensinemos a nossos filhos, mas Ele também é perfeito ao nos orientar *como* e *o que* ensinar.

Instruções verbais – Primeiro, em Deuteronômio 6, na lista de Deus as instruções verbais são audíveis – "[...] as ensinarás a teus filhos" (v. 7). Abordaremos instruções verbais informais no próximo capítulo, quando tratarmos do significado de "falar" a Palavra de Deus. Mas neste momento, quero focar no ensino verbal e formal da Bíblia para o seu filho.

---

[20] Informação tirada de HENRY, Matthew. *Matthew Henry's commentary on the whole Bible*. Peabody, MA: Hendrickson Publishers, 2003, p. 244.

O currículo de ensino das mães é primeiro e principalmente ensinar a Bíblia. Da mesma maneira que a escola era chamada de "a casa do livro" pelos judeus, sua família deve ser "a família do Livro". [21] E para que isso aconteça, é útil ter um tempo separado e agendado para ler a Bíblia, um tempo quando parte da Bíblia é lida em voz alta.

> Ore: "Grande Professor - oh, Deus, faz-me a professora que anseio ser!". [22]

Não importa por quanto tempo você a leia. Mesmo que seja apenas uns poucos minutos por dia, eles surtirão um poderoso efeito em sua família. Você pode ler os livros de Salmos ou de Provérbios, um evangelho (Mateus, Marcos, Lucas, João) ou qualquer livro da Bíblia... ou, até mesmo, uma parte de um capítulo da Bíblia. Apenas assegure-se de ler.

Não me preocupo com o que seus filhos aproveitam ou não com seu tempo de leitura da Bíblia. O que eles tiram disso é a experiência em primeira mão de verem seu amor pela Bíblia e seu compromisso sincero com Deus e Seu Filho. Eles sentem que a Palavra de Deus é importante para você... por isso, ela se torna importante para eles. Eles também conseguem ouvir as Escrituras. E como a Bíblia ensina: "[...] a fé é pelo ouvir, e o ouvir pela palavra de Cristo" (Romanos 10:17). Os membros de sua família também alcançam familiaridade e respeito pela Bíblia que os ajudará a amar e a viver a Palavra de Deus quando crescerem.

Instruções visuais – Deus também aponta para a importância do ensino e de lembretes visuais. Em relação aos Seus mandamentos, nos tempos de Moisés, o Senhor instruiu: "Também as atarás por sinal na tua mão e te serão

---

[21] CLARKSON, E. Margaret.
[22] MACKIE. *Biblie manners and customs*, p. 154.

por frontais entre os teus olhos; e as escreverás nos umbrais de tua casa, e nas tuas portas" (Deuteronômio 6:8,9). O povo de Deus para obedecer a essas instruções, de fato, usava, literalmente, caixas de 2,5 centímetros, que continham partes da lei de Deus, nas mãos e na cabeça. Eles também escreviam sentenças da Torá nas molduras e na ombreira de suas portas. A finalidade disso era lembrá-los que o "Visitante invisível, cuja presença controla e santifica tudo que é dito e feito na casa, estava ali".[23]

Atualmente, nós, os crentes do Novo Testamento, não precisamos seguir literalmente essas diretrizes. Isso porque a Palavra de Deus entrou fundo em nosso coração. Ela é "escrita, não com tinta, mas com o Espírito do Deus vivo, não em tábuas de pedra, mas em tábuas de carne do coração" (2Coríntios 3:3). Ainda há espaço, contudo, para lembretes visuais da Palavra de Deus. Por exemplo...

❖ Vejo adolescentes que usam "anel de pureza" no dedo anular da mão esquerda para lembrá-los de permanecer puros até o casamento, para "se abster de imoralidade sexual" e para guardar seus corpos em "santidade e honra, não na paixão da concupiscência, como os gentios que não conhecem a Deus" (1Tessalonicenses 4:4,5).

❖ Outras pessoas que conheço (inclusive adultos, adolescentes e crianças) usam braceletes com as iniciais "OQJF" para lembrá-los de, em qualquer situação, sempre se fazerem a pergunta: "O que Jesus faria?".

❖ A mãe de uma família de adolescentes pregou uma placa na moldura da porta de sua cozinha que cita a

---

[23] MACKIE. *Bible manners and customs*, p. 159.

declaração de devoção que Josué fez para Deus: "Porém eu e a minha casa serviremos ao Senhor" (Josué 24:15). Ela me contou: "As pessoas da minha família provavelmente passam pela porta da cozinha umas cem vezes por dia. A visão desse versículo nos fornece cem bons lembretes diários de Quem nós servimos".

❖ Adultos e crianças expõem sua habilidade em placas, *pôsteres* e molduras semelhantes, nos cômodos de sua casa, no computador e no local de trabalho, que retratam orações e versículos bíblicos das Escrituras. Em nossa casa, preguei uma quantidade de Escrituras que bordei e emoldurei em nossas paredes.

Garanto que você pode acrescentar coisas a essa lista de instruções e de lembretes visuais de nosso Grande Deus e, por favor, faça-o! Mas o que estou dizendo? Ou melhor, o que Deus, em Deuteronômio 6:7, diz a nós pais e mães? Por agora, sabemos a resposta. Ele nos diz para "ensinar" Sua Palavra e Seus mandamentos diligentemente para nossos filhos – "para semeá-los"[24] em seu coração e mente.

— Resposta do coração —

Não há ninguém que você, mãe, ame mais neste mundo que seus filhos (e, é claro, o pai deles!). E ensinar seus filhos sobre Deus e Seus caminhos não é opcional. Deus determina que você ensine, de maneira firme e significativa, Sua Palavra

---

[24] VAUGHAM, Curtis. *The Word – The Bible from 26 translations*. Gulfport, MS: Mathis Publishers, Inc., 1991, p. 339.

para seus filhos, e a autoriza a fazer isso em casa e em todos os outros lugares, durante todo o dia, todos os dias. Você é uma mãe em missão! Instruir, portanto, aqueles que você ama nas coisas de Deus, o Senhor que você ama supremamente, pode ser – ou se tornar – uma paixão e uma satisfação.

Lembre-se, se você começa a se perguntar quanto ensinar ou hesita em seu ensinamento, seus filhos *nunca* aprendem o suficiente sobre a Bíblia! Assim, estipule um tempo regular para instruir seus filhos na Palavra de Deus e em Seus princípios. Mesmo se você quiser começar mais tarde, comece agora. Se seus filhos forem mais velhos e se perguntarem: "O que aconteceu com a mamãe?", fique firme. Conte-lhes que houve uma mudança maravilhosa em seu coração e que quer iniciar a dedicar um pouco de tempo à Bíblia, pois isso também os ajudará.

Mãe, não importa o estágio específico de sua vida ou da de seus filhos. Apenas leia! Leiam juntos a Palavra de Deus até que ela se torne familiar para seus filhos, até que a Bíblia se torne uma amiga querida e um guia em que se pode confiar. Leia-a para eles até que a Bíblia esteja, confiantemente, escrita – gravada a fogo, com água-forte e inscrita – fundo no coração de cada um deles (veja Provérbios 3:3). A criança segundo o coração de Deus é formada e modelada quando a Palavra de Deus fica embebida em seu coração, mente e caráter. Como um poeta diz isto,

> Tudo que você escreve no coração de uma criança
> A água não pode tirar.
> A areia pode mover-se com as ondas indômitas
> E o afã do tempo pode se decompor.

Algumas histórias perecem,
algumas canções são esquecidas
Mas esse registro esculpido – o tempo não muda.
Tudo que você escreve
no coração de uma criança...
Lá ficará imutável. [25]

Do coração de um pai

Olá, aqui é Jim George. Prezada leitora, que privilégio maravilhoso você tem de ser mãe segundo o coração de Deus! Você é abençoada não apenas por trazer seu filho ao mundo, mas também por criá-los na educação e na admoestação do Senhor! Assim, você tem de fazer, indiferente à "escala religiosa" em que está seu marido, tudo que pode para ensinar a seus filhos sobre Deus com as seguintes advertências em mente:

Se seu marido não é um crente, tenha certeza de ser discreta em relação ao seu ensinamento. Não seja uma esposa cristã confrontadora. Não use intencionalmente, também, seus filhos para manipular seu

---

[25] DOAN. "The heart of a child". *Speaker's sourcebook*, p. 52.

marido em direção a algum tipo de fé. Se as crianças estiverem entusiasmadas a respeito do que você lhes ensina, e elas, com naturalidade, compartilharem isso com o pai, deixe o Espírito Santo fazer Seu trabalho por meio do entusiasmo das crianças. Apenas instrua seus filhos, com quietude e nos bastidores, nas coisas de Deus. Você tem muitas oportunidades de fazer isso quando seu marido não está em casa ou está ocupado com outra coisa em casa. A instrução de seus filhos inclui mostrar amor respeitoso pelo pai deles, independentemente do que ele acredita, ou não, sobre Deus.

Se você tiver um marido crente, agradeça a Deus todos os dias por esse homem! Isso torna seu trabalho de ensinar um pouco mais fácil. Muitos homens estão ocupados provendo a família, por isso nem sempre pensam sobre o papel do ensino na paternidade. Eu sei que Elizabeth foi muito diligente em me ajudar a fazer minha parte na educação de nossas filhas. Ela, todas as manhãs, colocava a Bíblia e nosso livro devocional diário em meu lugar à mesa do café da manhã. Marcava, também, o próximo devocional a ser lido – apenas para o caso de eu esquecer o lugar do dia anterior. Ela sempre estruturou o início da manhã, assim havia tempo para nossa devoção familiar antes que cada um tomasse seu rumo.

Depois, à noite, quando eu estava em casa, Elizabeth planejava meu tempo com as meninas como parte de um ritual noturno. Sem pressão. Apenas com simples lembretes não-verbais da minha responsabilidade como parte da "equipe" de professores responsáveis pela educação de nossas filhas.

Por que você não senta com seu marido e juntos harmonizam a parte que cada um de vocês tem no estimulante papel de ensinar seus filhos sobre Deus? A recompensa é grande! Sinto-me tão abençoado quando vejo minhas filhas agora fazendo com seus maridos muitas das mesmas coisas que minha mulher (e mãe delas) fez comigo! E qual é a recompensa suprema? Meus netos escutam a Palavra de Deus não apenas de suas mães, mas também de seus pais.

Pequenas escolhas que trazem grandes bênçãos

1. Leia você mesma, com regularidade, a Palavra de Deus.

Oh, querida mãe! Seu amor pessoal e familiaridade com as Escrituras serão uma força motriz em seu desejo de compartilhar a Palavra com seus filhos, bem como em seu fiel seguimento do chamado de Deus para assim fazer. Quando a Palavra de Deus enche seu coração, você mal consegue esperar para transmitir a respeito das coisas mais importantes no mundo para seus filhos pequenos e crescidos! Quando você se apaixona mais pela Palavra de Deus, você quer que seus filhos façam o mesmo. Certifique-se, portanto, que a primeira escolha em sua lista de afazeres diários seja seu próprio tempo de suplemento de coração, restaurador de alma e produtor de força de leitura da Bíblia. Escolha fazer isso para você mesma... e escolha fazer isso para a sua família.

2. Primeiro, leia a Bíblia.

Como, por exemplo, a mãe atarefada que corre para cumprir uma variedade de compromissos consegue apenas arranjar tempo suficiente para ler em conjunto. Assim, quando chegar o precioso (e agendado) tempo, tenha certeza de que você trata a Bíblia como o livro mais importante do mundo.

Afinal de contas, ela é *O Livro!* Mesmo que você tenha o costume de ler outros livros cristãos, assegure-se de que a Bíblia seja tratada como o mais importante livro que seus filhos sempre ouvem ou leem. E se você apenas tiver tempo para ler um livro, você sabe o que fazer – tenha certeza de escolher a Bíblia! Outros livros – por melhores, mais sólidos e mais úteis que possam ser – simplesmente não são a Palavra de Deus. Eles são sobre a Palavra de Deus ou esboçados a partir da Palavra de Deus. Nada pode tomar o lugar das Escrituras sopradas, inspiradas e escritas pelo próprio Deus (veja 2Timóteo 3:16). Elas, e apenas elas, são rápidas, e poderosas, e "[...] mais cortante do que qualquer espada de dois gumes" (Hebreus 4:12). E elas, e apenas elas, são proveitosas "[...] para ensinar, para repreender, para corrigir, para instruir em justiça; para que o homem de Deus seja perfeito e perfeitamente preparado para toda boa obra" (2Timóteo 3:16,17).

E eis aqui mais uma coisa – assegure-se de que cada um de seus filhos tenha uma Bíblia, não importa a idade deles. Eles podem trazê-la para a mesa, levar para a igreja, carregá-la por aí durante todo o dia, dormir com ela... quer a leiam quer não! (Que admirável presente de chá de bebê!)

E mais uma coisa – leia a Bíblia para seus filhos, sem levar em consideração a idade deles. Lembre-se, mesmo um bebê reage à voz da mãe. Se você começa cedo, seu filho nunca saberá o que significa não ouvir a Bíblia lida em voz alta.

3. Leia livros cristãos para a sua família.

Procure comprar bons livros cristãos que reforcem e ilustrem as verdades da Bíblia. Retire-os na biblioteca de sua igreja ou, se for o caso, empreste-os de amigas (não esqueça de devolvê-los!). Tenha em mãos tudo que seja centrado na Bíblia e apropriado para a idade de seus filhos. Cada filho – mesmo os adolescentes – gostam de ouvir sobre os "super-heroís" bíblicos de Deus. E as crianças são influenciadas pelas versões rimadas da Bíblia e suas estimulantes verdades. Leia esses livros várias vezes com seus filhos até que se tornem seus favoritos e os mais familiares, e que a mensagem deles se torne um ponto de referência para as ações, as escolhas e o caráter deles. Tenha como objetivo lê-los às refeições, à hora do lanche, depois da escola e à hora de dormir. De novo, seus filhos pequenos – e crescidos – nunca aprendem a Bíblia e sobre ela em excesso. Em tempo, você pode até querer fazer sua biblioteca de seus livros favoritos e mais apreciados.

4. Leia para todos.

Incentivo-a a nunca deixar ninguém de fora! Não se incomode com a idade de seus filhos. E se eles tiverem muitos amigos, inclua-os também. Apenas empilhe todo o conjunto e coleção de crianças no quarto, na cama, no chão, no sofá ou em volta da mesa e leia até o fim! Uma de minhas fotografias prediletas da minha família é de meu genro lendo para cinco de nossos netos que estavam em um pequeno berço. Todas as crianças juntas, das mais variadas idades, envolvidas nos braços de Paul e aprendendo sobre outra criança... e em expectativa para cada palavra que saía de sua boca. Chamo essa foto de "Clube da Bíblia de Paul". Ele faz isso com seus filhos todos os dias na hora de irem dormir, é sempre fiel a essa atividade e fica contente por incluir todos os membros da família sempre que estamos juntos.

5. Leia o livro de Provérbios.

Deus declara o propósito do livro de Provérbios logo no início do capítulo 1, versículo 4: "[...] para se dar [...] aos jovens conhecimento e bom siso". Salomão [o escritor], a partir desse ponto, em todos os outros capítulos desse livro, se refere a: "Filho meu", pelo menos, 22 vezes. Veja, Salomão escreveu o livro de Provérbios para ensinar sabedoria a seu filho – seu jovem filho – para instruí-lo na disciplina que precisaria ter ao longo da vida. Assim, dê a seus filhos o dom de provérbios. Dê-lhes a sabedoria divina. Como? Leia o livro de Provérbios em voz alta em todas as oportunidades que tiver.

3

Fale a respeito de Deus
com os seus filhos

> E estas palavras, que hoje te ordeno, estarão no teu coração; [...] e delas falarás sentado em tua casa e andando pelo caminho, ao deitar-te e ao levantar-te.
> **Deuteronômio 6:6,7**

Em média, como são os seus dias? Eles são muito, *muito* ocupados, certo? Apesar do ritmo febril, contudo, é provável que você tenha algum tipo de rotina ou de horário. O dia da maioria das mães começa com o toque do despertador... ou o choro do bebê! Depois, as coisas começam a seguir um ritmo frenético! É preciso acordar os outros, preparar o café da manhã, ajudar as pessoas que têm de se arrumar para ir ao trabalho e ir à escola, cuidar das tarefas domésticas, isso para não mencionar as pequenas tarefas como ir ao banco, à lavanderia etc., as preparações de frutas para o jantar, as atividades extracurriculares para cada um dos filhos, escola em casa... e, talvez, até o seu próprio emprego.

Bem, em meio a tudo já citado – e mais! – Deus a ajuda a fazer duas coisas ao mesmo tempo. Todos os seus negócios pessoais e da vida familiar devem ser administrados e cuidados, mas você também deve ensinar a seus filhos sobre nosso impressionante Deus Todo-Poderoso. Como uma mãe assoberbada pode cumprir essa determinação com uma agenda já lotada e quase impossível de ser cumprida? Bem, graças ao Senhor que vem em salvamento e ensina a Sua total sábia solução! Ele diz:

> E estas palavras, que hoje te ordeno, estarão no teu coração; [...] e delas *falarás* sentado em tua casa e andando pelo caminho, ao deitar-te e ao levantar-te (Deuteronômio 6:6,7; grifo da autora).

Deus não pede nem requer que você tenha algum talento, instrução, graduação ou habilidades especiais para instruir seus filhos nas coisas de Deus. Não, independentemente de seu conhecimento, de sua formação ou de sua educação, você pode, de maneira eficaz, apontar seus pequenos (e grandes!) corações em direção a Deus. Tudo que você tem de fazer é *falar* sobre Ele durante todo o dia. Apenas fale sobre Deus no ritmo da maré do dia a dia (embora, caótica!) da vida familiar. (Agora estamos conversando, porque "conversar" é algo em que nós mulheres somos ótimas. E é algo que Deus nos pede para fazer por Ele e por nossos filhos!)

Fale!

Deus diz de maneira clara e simples o que Ele quer que nós, mães, façamos. Ele diz: "E delas *falarás*". E a que se refere *delas*? "E estas palavras, que hoje te ordeno" (v. 6). E para quem devemos falar? Principalmente, nossos filhos... e toda pessoa que escutar. Deus, com essas instruções, pede que você e Seu exército de mães dedicadas foquem constantemente toda a vida diária Nele e em Seus ensinamentos. E como fazemos isso? Isso é fácil! *Falando* sobre as coisas de Deus com seus filhos *enquanto* você atravessa a confusão de cada dia desgastante.

> **Pais dedicados criam filhos consagrados a Deus.**

De novo, ao olhar o modelo judeu, nós aprendemos que para os hebreus a religião estava embutida na vida. E a razão para o sucesso deles é que a educação religiosa era vida orientada, não apenas informação orientada. Eles usavam o contexto da vida diária como oportunidades para ensinar sobre Deus e para falar Dele. Intencionalmente, eles evidenciavam Deus em tudo na vida, enraizando os ensinamentos do Senhor no coração de seus filhos.

Você quer que seus filhos amem a Deus? Então, apenas fale sobre Ele. Por que falar sobre Deus? Porque falamos sobre o que é importante para nós. E quando não falamos sobre Deus, mandamos uma mensagem sonora para nossos filhos de que Deus, de fato, não é tão importante. Assim, torne Deus parte de sua vida diária e de seu bate-papo. Fale sobre Ele e Seus caminhos. Fale sobre a Sua Palavra e Seu Filho. Fale sobre a maravilha de Sua criação. Esse ato de falar torna Deus parte da experiência e da conversação diárias de seus filhos.

Observe isto, portanto: Deus pede que você se comprometa diligentemente no ensino de seus filhos para vê-lo em todos os aspectos da vida, não apenas naqueles relacionados com a igreja. Seu ensinamento deve prosseguir não importa o lugar físico em que esteja com seus filhos.

E o que acontece? Você nunca sabe! Mas eis algumas garantias. Quando você fala de Deus,

- ❖ Você O honra e O glorifica.
- ❖ Você obedece a Seu ensinamento de falar Dele para seus filhos.
- ❖ Você fica espiritualmente enaltecida quando abre seu coração para Deus e fala sobre seu conhecimento Dele.
- ❖ Sua chance de afetar de maneira positiva e de contagiar sua família por meio da comunicação não tem limites!

Conforme já disse, você nunca sabe que coisas maravilhosas acontecem quando obedece fielmente a Deus, assim, fale! Comenta-se que o dr. G. Campbell Morgan, renomado e eloqüente pregador, teve quatro filhos que se tornaram ministros. Em uma reunião familiar, um amigo perguntou a um dos filhos: "Qual dos Morgan é o melhor pregador?". Ao mesmo tempo em que o filho olhava diretamente para o pai famoso, replicou: "Mamãe". Obviamente, esse homem de Deus teve uma mãe de Deus que seguiu seu caminho segundo o coração de Deus e seguiu a instrução de Deuteronômio 6. 6,7... e falou.

Querida mãe, fale!

Fale dia e noite

Deus prossegue e nos diz *quando* falar e conversar com nossos filhos. Isso é para ser feito quando está sentada em sua "casa e andando pelo caminho", ao deitar-se e ao levantar-se (Deuteronômio 6:7).

Em outras palavras, quando você e sua pequena família sentam em casa, quando você faz seu trabalho, quando você está relaxando, quando come... fale sobre o Senhor. Ou quando você descansa, ou quando você se aconchega às crianças quando elas deitam para dormir, ou quando alguém tem um pesadelo à noite ou está doente... fale sobre o Senhor. E logo que você desperta para o dom de outro dia glorioso que Deus lhe dá... fale sobre o Senhor. Mesmo quando você visita ou conversa com outras pessoas, quando segue seu caminho até o fim do dia, quando desempenha suas incumbências e quando faz suas tarefas domésticas... fale sobre o Senhor. Veja cada ocasião como uma oportunidade para falar com seus filhos sobre as coisas divinas, sobre as claras e simples verdades de Deus e sobre as leis do Senhor. Por exemplo...

Você viu o arco-íris hoje? As estações estão mudando? Choveu? O céu está claro à noite, permitindo que você veja a lua e as estrelas? Comente com maravilhamento: "Apenas Deus pode fazer um arco-íris! Isso é um sinal da bondade de Deus!... Para tudo há uma época!... O céu de Deus anuncia a glória Dele!".

Você contempla, examina ou elogia as pequenas tarefas de seus filhos? Selecione os ensinamentos de Provérbios e a obra moral de Deus: "Em todo trabalho há proveito. [...] A mão dos diligentes dominará" (Provérbios 14:23; 12. 24). [26]

---

[26] Veja Provérbios 12:23,24, por exemplo.

Você estabelece uma refeição com as crianças ou senta-se à mesa com elas? Lembre-as que Deus cuida dos Seus, que Ele promete suprir toda necessidade deles... sempre. Compartilhe o fato de que nunca sentirão fome nem sede e que Deus prometeu sempre preparar a mesa para eles quando estiverem em presença de inimigos!

Todos sob seu teto se dão bem uns com os outros? Se estiverem se dando bem – ou não – fale constantemente sobre as instruções de Deus para que sejam amáveis uns com os outros, para que façam aos outros (inclusive seus irmãos e irmãs!) o mesmo que querem que façam a eles.

A Bíblia diz que a pessoa devota (essa é você, mamãe!) deve meditar sobre as Escrituras o tempo todo. E "bem-aventurada" é aquela (você de novo!) que "[...] tem seu prazer na lei do Senhor, e na sua lei medita dia e noite" (Salmos 1:2). E a Bíblia diz que você, preciosa mãe segundo o coração de Deus, deve falar sobre Ele, dia e noite, para seus filhos.

Esse é o retrato em Deuteronômio 6. E isso é o que Deus quer que seja verdade para você e sua família. Que grande maneira de passar todos os dias de sua vida – alegrando-se no amor de Deus e falando sobre Ele durante todo o dia com aqueles que mais ama.

Nunca é cedo demais...

Eu, quando era uma jovem mãe, afligi meu coração (... que teve um início tardio nos cuidados maternos cristãos!) quando li uma devocional que começava com uma notícia de jornal da agência *United Press*, que anunciava que "o tempo para iniciar uma criança na carreira musical não é muito depois da idade das botinhas e da mamadeira". Continuei lendo e descobri que um professor de violino, do Japão, mundialmente famoso, acreditava que quanto mais cedo a criança fosse exposta à música, melhor músico seria. O dr. Shinichi Suzuki afirmou que "exatamente como a criança imita gestos, ela também pode imitar música". Ele descreve essa habilidade desta maneira: "Por essa razão é extremamente importante que a criança não ouça *nada além de boa música desde a mais tenra idade*". Portanto, apesar de o dr. Suzuki gostar de iniciar seus estudantes nas aulas de música entre dois e quatro anos, ele começa a expô-los à música até mais cedo. [27]

E, assim, pensei nas minhas duas pequenas... que estavam com um ano e seis meses e dois anos e seis meses, antes mesmo de eu me tornar uma mãe cristã. Oh, como eu queria começar a influenciá-las com Cristo imediatamente! E eu não tinha um segundo a perder! Orei a Deus para que, embora fosse uma flor tardia no Departamento de Educação Cristã em casa, não fosse tarde demais!

Quer dizer, havia um homem, professor de *música*, dizendo que é "extremamente importante que a criança não ouça *nada além* de boa música desde a mais tenra idade", pois assim ela imitaria apenas o melhor! Quão mais importante – não, crítico! – é que nossos filhos que nos foram dados pela mente, e pelo coração, e pelas mãos de Deus ouçam *nada além do bem* em nossos lares cristãos. O apóstolo Paulo escreveu a respeito de Timóteo: "[...] desde a *infância* sabes as sagradas letras" (2Timóteo 3:15, grifo da autora). Oro para que o mesmo seja verdade em relação a você e sua querida família. Seus filhos podem ouvir e aprender sobre Deus desde a infância!

---

[27] DEHAAN, Richard W. e BOSCH, Henry G. *Our daily bread favorites*. Grand Rapids, MI. : Zondervan Publishing House, 1971, 3 de fevereiro.

Tudo isso, querida mãe, para dizer: inicie cedo. Nunca é cedo demais para começar a compartilhar as palavras de Deus e ensinar seus pequeninos. Vá em frente... fale muito!

... E nunca é tarde demais

E, ao mesmo tempo, nunca é tarde demais. Você sabia que...

Noventa e um por cento de todas as crianças de treze anos, quer expostas à verdade cristã quer não, oram a Deus em uma semana típica?

A maioria dos adolescentes envolve-se em algum tipo de atividade religiosa?

Nove entre dez jovens aceitam a existência de Deus, e 91% aceitam o fato de que toda pessoa tem uma alma eterna?

Mais de quatro entre cinco jovens querem ter relacionamento íntimo com Deus a fim de que Ele seja uma pedra angular em suas vidas?

Dois terços dos jovens estadunidenses estão, pelo menos de alguma maneira, convencidos de que a Bíblia é totalmente exata em seus ensinamentos. [28]

Os dados desse levantamento revelam que adolescentes e mesmo jovens em idade universitária – querem saber no

---

[28] BARNA, George, resultado do levantamento *Transforming children into spiritual champions*. Ventura, CA: Regal Books Gospel Light, 2003, p. 35.

que acreditar e também querem acreditar no que seus pais acreditam.

Querida mãe, outras pessoas – inclusive o inimigo! – ficam felizes em lhe dizer que é muito tarde para começar a ensinar a seus filhos a respeito de Deus. Jamais esqueça, contudo, que para Deus nada é impossível. Ele será fiel para honrar e abençoar sua piedosa obediência em seguir Sua Palavra.

Assim, decida neste segundo a começar a falar sobre as coisas de Deus quando estiver sentada em sua "casa e andando pelo caminho", ao deitar-se e ao levantar-se. Depois, com esperança, seus pequenos – e grandes – imitarão o que ouviram e aprenderam de seu coração e lábios sobre nosso Senhor.

Quão importante Deus é para você?

Há, contudo, uma questão central. Eu, como mãe e avó, faço-me essas perguntas com regularidade e agora as compartilho com você. Quão importante Deus e Seu Filho são para você? E quão importante é nutrir o caráter piedoso em sua vida? Você imita os padrões de Deus para a sua família?

Um escritor compartilhou essa assustadora informação: "Um levantamento que li perguntava aos pais... que qualidade eles mais desejavam que seus filhos tivessem. A primeira da lista era *inteligência*, seguida de perto por *personalidade*, depois *criatividade e imaginação*". Depois, ele se perguntou: "O que já aconteceu com verdade, amor, fé, honestidade...? Não são esses os verdadeiros moldes de construção para a maturidade?".[29]

---

[29] Finzel, Hans. *Help! I'm a baby boomer*. Wheaton, IL: Victor Books, 1989, p. 105.

Sei que isso é pesquisa de alma. Vá em frente, contudo, e pergunte – e responda – às questões difíceis. Pense sobre o que conversa com seus filhos. Em que direção você os coloca? (Você pergunta: "O que os outros vão pensar?", ou: "O que Deus deseja?"). Que atividades você recompensa mais? (Excelência na escola ou benignidade com irmãos e irmãs?) Que realização a emociona mais? (Tirar notas "A" ou memorizar outro versículo?) Que grupos você os encoraja a seguir? (Ser do time da animação ou ser fiel na frequência a seus grupos de jovens cristãos?) Que empreendimento você os estimula a perseguir? (Futebol/ginástica ou os programas da igreja ou clubes bíblicos?) Que realizações a deixam mais feliz? (Um bom boletim ou um consistente tempo pessoal de quietude?)

Não me entenda mal. Não há nada de errado em relação à excelência na escola, ou em fazer parte de programas e atividades escolares, ou em praticar esportes e participar de atividades físicas. Coloque, contudo, suas respostas ao lado dos ensinamentos de Deuteronômio 6:6,7. Depois, ore e faça toda as mudanças necessárias... imediatamente. Lembre-se, nunca é muito tarde para você mudar o foco de sua ênfase em casa. (Mais à frente, compartilharei a história da minha reviravolta). Não é muito tarde para assumir o compromisso de dar prioridade ao ensino da Palavra de Deus, de falar sobre Ele, de apontar tudo na vida em direção a Ele. Isso afeta o coração e a vida de seus filhos!

> **Sede meus imitadores, como também eu o sou de Cristo.**
> **1Coríntios 11:1**

– Resposta do coração –

É claro que devemos falar *a* Deus a respeito de nossos filhos. Isso é fato. Devemos também, contudo, falar a nossos filhos *a respeito de* Deus. Essa é a instrução de Deuteronômio 6:6,7. Deus espera – e determina – que falemos todo o tempo com nossos filhos sobre Ele. Ele pede que nós, as mães, aproveitemos todas as oportunidades para falar a respeito Dele – e também para transformar as ocasiões da vida em oportunidades para falar a respeito Dele e de Seu Filho.

Fale sobre a escola "em casa"! Atualmente, muitas mães escolhem ensinar seus filhos em casa. De fato, uma de minhas filhas está seguindo esse caminho com sua filha mais velha. Quer, contudo, faça escola em casa quer não, você é chamada para "fazer escola em casa" com seus filhos a respeito das coisas do Senhor. O lar é a melhor escola para ensinar os preceitos bíblicos e aqueles que sua família seguem. E, de novo, você deve ensinar a respeito de Deus e falar a respeito Dele e de Sua Palavra durante todo o dia com seus filhos... todos os dias... com tanta frequência quanto possa... e por tanto tempo quanto puder.

E há urgência nisso! No contexto de Deuteronômio 6, Deus expressa, por intermédio de Moisés, a absoluta importância de Sua Palavra para Seu povo. Isso é tão importante que Ele instruiu o Seu povo para fazer todo o possível para conhecer, guardar e lembrar os Seus mandamentos. Ele os quer incorporados à vida diária. E Ele quer que todos os pais os transmitam às próximas gerações... que os passarão para a próxima... e para a próxima... e a próxima.

Assim, veja bem, agora tanto quanto na época em que Deuteronômio foi escrito, a educação espiritual dos filhos é responsabilidade dos pais. Com certeza, outras pessoas ajudam. Pastores, Escolas Dominicais e mentores contribuem de maneira poderosa. E os companheiros de escola cristãos ensinam com você os caminhos e a Palavra de Deus para seus filhos. Você, contudo, querida mãe, como um dos pais (com seu marido, se ele compartilhar sua paixão por Cristo) foi chamada para abraçar, de todo coração, as instruções de Deus para ensinar a seus filhos e falar com eles sobre Ele... e para viver fielmente isso no cenário da vida diária em casa e no mundo.

> **Os princípios espirituais e morais são mais bem transmitidos no laboratório da vida.** [30]

Assim, mais uma vez, mãe, fechamos o círculo todo e voltamos ao *seu* amor por Deus, não é mesmo? "*Amarás*, pois, ao Senhor teu Deus de todo o *teu* coração, de toda a *tua* alma e de todas as *tuas* forças. E estas palavras, que hoje te ordeno, estarão no *teu* coração" (Deuteronômio 6:5,6; grifos da autora). Esse é o primeiro passo.

Eis aqui o segundo passo: "E as ensinarás a teus filhos, e delas [*tu*] falarás sentado em tua casa e andando pelo caminho, ao deitar-te e ao levantar-te". E quando faz isso, minha preciosa companheira mãe, você anuncia *seu* amor por Deus. Pois como Seu Filho disse: "Se me amardes, guardareis os meus mandamentos" (João 14:15).

---

[30] BUZZELL, Sid. *The leadership Bible*. Grand Rapids, MI: Zondervan Publishing House, 1998, p. 207.

Do coração de um pai

Olá! Ainda me lembro do dia em que Elizabeth aprendeu a respeito da importância de cantar hinos e canções de louvor e de falar abertamente sobre Deus com nossas filhas. Ela veio para casa de seu estudo bíblico para mães e imediatamente me falou a respeito disso. Quando começamos a aplicar esse sábio conselho e a estabelecer essa prática, fiquei maravilhado por descobrir que a pequena mente de nossas filhas eram esponjas. Elas absorviam tudo que tinham contato.

Fiquei chocado, também, depois que nos tornamos uma família cristã, ao saber que nossas meninas de um ano e seis meses e de dois anos e seis meses já haviam perdido um tempo vital de educação cristã! (Como Elizabeth disse, nunca é muito cedo para começar a falar sobre Deus).

Mas também fico agradecido que, pela graça de Deus, nunca é muito tarde. Apesar de Elizabeth e eu sentirmos que estávamos atrasados no falar sobre Deus, começamos a fazer isso a partir daquele momento. E este é meu conselho para você. Não fique paralisada por erros, faltas ou inatividade anteriores.

Agradeça a Deus pelo que está aprendendo agora... hoje. Depois, com a vitalidade recém encontrada, o vigor e o entusiasmo renovados pelo Senhor, comece a "falar de Deus". Seu entusiasmo certamente contagiará a sua família!

E eis aqui outra sugestão: se seu marido estiver interessado e o momento for bom (o que é muito importante quando falam conosco!), compartilhe este capítulo com ele. Um pai pode contribuir muito emocional e fisicamente para os filhos e para a família. Tudo que ele faz *espiritualmente*, contudo, em volta da família parece fazer duas vezes mais efeito. As crianças escutam quando o pai chega em casa. E porque ele é o papai, elas *realmente* prestam atenção ao que ele faz e diz. Assim, procure alertá-lo, com seu jeito suave, sobre a importância de falar sobre Deus, falar sobre Jesus, falar sobre ser cristão. Peça-lhe que fale. Acredite-me, isso causará uma impressão duradoura nas crianças!

Às vezes, é difícil pensar em algo espiritual para dizer. (Eu era assim!) Então, uma das maneiras de me envolver com o "falar" cristão diário à volta de nossa casa foi ajudar as meninas a memorizarem os versículos para seus programas na igreja. Fiz isso por mais de uma década. Todos os dias, as meninas e eu tentávamos dizer "nossos" versículos memorizados e compartilhávamos o significado dos versículos e a forma como cada uma delas podia aplicar o versículo em sua vida, em casa e na escola.

E eis aqui outra coisa que eu fazia. Eu disse anteriormente que comecei a dirigir as devocionais todas as manhãs. E, muitas vezes, a devocional diária também despertava uma viva conversação à mesa do café da manhã. E também houve ocasiões em que continuamos a conversa no jantar.

Mesmo se seu marido for do "tipo calado", peça-lhe que a ajude espiritualmente quando ele estiver em casa. Peça-lhe que apenas fale a respeito de Deus com os filhos. Talvez apenas depois de ele falar sobre Deus em casa, a fé que ele tem seja fortalecida e ele queira também falar a respeito de Deus no trabalho!

Pequenas escolhas que trazem grandes bênçãos

1. Peça a Deus que a torne mais consciente Dele.

Deus, em Deuteronômio, começa com nosso coração, mãe. Depois, Ele prossegue com nosso chamado para passar adiante nosso coração voltado para Deus a nossos filhos. Peça-lhe que a torne mais consciente Dele – de Sua bondade, de Sua criação, de Seu amor por você. Se você quer que seus filhos sigam ao Senhor, torne-o parte de *sua* vida diária.

2. Proponha-se a falar a respeito do Senhor.

Crie um ambiente e uma agenda ou rotina para ensinar a respeito de Deus e os princípios das Escrituras a seus filhos. Dê, contudo, o passo seguinte e se proponha a intencionalmente falar sobre Deus. Uma coisa que me ajudou como mãe (e como cristã) foi procurar começar minhas sentenças com a palavra "Deus" ou com "o Senhor". Se você faz isso, ao relacionar toda sua vida a Ele, definitivamente estará na maior parte do tempo falando do Senhor.

3. Encontre oportunidades em sua rotina diária.

Como é seu horário ao levantar-se toda manhã? E como você pode introduzir Deus nessa parte de seu dia? E, em geral, como correm as coisas quando os outros saem de casa de manhã para a escola ou para o trabalho? O que você poderia fazer para que eles se lembrem de Deus? Faz parte de nossa rotina: todos os dias fazermos um círculo para orar na porta da frente quando o primeiro membro da família sai para seus afazeres diários... acompanhado de um abraço grupal.

Algum de seus pequenos fica em casa durante o dia? Como Deus pode ser o centro desse tempo que passa em casa? Você pode ter versículos para ele memorizar e pintar com lápis de cor ou canetas coloridas. Outra opção é ter CD's de hinos infantis que podem tocar, como música de fundo, durante todo o dia. Tenha livros infantis cristãos, em abundância, espalhados por todos os cantos. Você passa vídeos ou DVD's em sua casa? Se sim, você deve ter um estoque de vídeos cristãos para ajudar a encher a mente deles com os ensinamentos sobre Deus?

Seus filhos frequentam a escola pública? Oh!, então você *deve* enviar algum lembrete de Deus com eles. Mande seus filhos para o mundo com lembretes em cartões de 7,5 cm x 12,5 cm, ou em adesivos, ou em marcadores de livros, ou um versículo no lanche deles. E não esqueça de parar e orar com eles no carro quando os deixa na escola. Depois, quando você os pega na escola, no término das aulas, ou quando eles passam pela porta da frente de casa pergunte-lhes: "Como Deus abençoou o seu dia?".

4. Centralize a hora da refeição em Deus.

Verifique suas refeições. Você tem orado e agradecido, e pedido que seus filhos participem da oração? Uma palavra de alerta: seja sensível em relação à vontade de seu marido. Se ele não for cristão, não puxe esse assunto. Apenas assegure-se de que ora com seus filhos de todas as idades à hora das refeições e do lanche quando seu marido não está presente.

5. Termine o dia com Deus.

E em relação às noites? De novo, esteja consciente dos desejos de seu marido para a rotina noturna quando ele está em casa. Você, contudo, ainda pode ter uma breve conversa individual, falando bem baixinho, com cada um de seus queridos, até mesmo com seus adolescentes, quando eles vão dormir. Lembre-os de um versículo memorizado ou de uma verdade sobre Deus. Eu, em especial, gostava muito de terminar cada breve conversa na hora de dormir com: "Jesus ama você, e eu também". E, atualmente, faço a mesma coisa com nossa próxima geração de pequenos.

4

Conte a respeito de
Jesus aos seus filhos

> Somos embaixadores por Cristo, como se Deus por nós vos exortasse.
>
> **2Coríntios 5:20**

Enquanto escrevo, olho para a capa de um livro que está em minha mesa. A ilustração é um grande alvo com uma flecha enterrada no centro dele. O livro se refere a um assunto diferente do que focamos neste livro. Contudo, o desenho do alvo, da flecha, do centro do alvo, acerta na mosca quando se refere à descrição da mensagem deste capítulo. Exatamente no centro! Há muitas "coisas" que nós mães fazemos por amor aos nossos filhos. Na verdade, chamamos a atenção para dez delas neste livro. *A mais importante,* todavia – "o centro do alvo" – é que devemos lhes contar a respeito de Jesus!

Mire o coração de seu filho

Primeiro, há um alvo. Sei que você tem uma vida em que desempenha muitas funções. Sei, também, que você está sempre ocupada com o desafio das multitarefas durante cada minuto do tempo que passa acordada todos os dias! Sua lista de responsabilidades é longa. Como também a lista de pessoas de quem você tem de cuidar. Sinceramente, a quantidade de papéis que você desempenha com regularidade é incrível!

Em algum lugar, contudo, em meio a tudo que você faz, quer fazer ou precisa fazer, tem de estar este objetivo: educar e apresentar cada um de seus filhos a Jesus Cristo. Você não pode "salvá-los". Apenas Deus pode fazer isso. Esse é o trabalho Dele. Nosso trabalho, todavia, é instruir os jovens corações na verdade sobre Jesus e em Sua importância na vida deles. Você precisa fazer todo o possível para torná-los conscientes do Filho de Deus e de Sua mensagem de salvação.

Dou um passo adiante e digo: *Contar para seus filhos a respeito de Jesus deve ser a prioridade e o propósito número um em sua vida como mãe.* É claro que você os ama, os alimenta e ora por eles. Como mãe cristã, contudo, que foi salva pelo sacrifício de Cristo e pela graça de Deus, somos contumazes "[...] embaixadores por Cristo" (2Coríntios 5:20). Você é representante de Cristo para seus filhos, a porta-voz de Deus. E qual mensagem você deve passar para eles? A mesma mensagem que Paulo distribuiu em 2Coríntios 5: "Rogamo-vos, pois, por Cristo que vos reconcilieis com Deus" (v. 20).

Eis uma questão que incita o pensamento: o que você almeja com tudo que faz por seus filhos? Qual o propósito e o objetivo de seus cuidados maternais? O que você pretende com o que ensina a seus filhos? Como amarrar o cadarço dos sapatos? Técnicas para escovar os dentes e usar fio dental? Boas maneiras? Como pegar, chutar ou acertar a bola? Como tirar um A na escola? Como tocar um instrumento? Respeito pelos outros e pela propriedade deles? Essa lista pode não ter fim. Contudo, tão boas

> **Sem Jesus não há vida.**

e tão necessárias quanto essas questões e atividades são na vida de seus filhos, o que você mais pergunta a seu coração é isto: estou segura de estar contando a eles sobre Jesus? Até que você e eu levantemos todas as manhãs e saibamos, sem a menor sombra de dúvida, que: "Hoje, mesmo que eu não consiga fazer mais nada, devo ensinar a meus filhos sobre o meu Senhor Jesus", não estaremos mirando o alvo certo. Portanto, mire!

Ensinando a verdade a respeito de Cristo

A seguir, vem a flecha. Quais são as flechas penetrantes que queremos que entrem nos pequenos corações?

Obviamente, são as Escrituras. A verdade. A Palavra de Deus. A Bíblia. E, em especial, os relatos e as histórias bíblicas a respeito da vida de Jesus. Ensine a seus filhos a respeito de Jesus – os milagres, os ensinamentos, o nascimento, a morte e a ressurreição. Sua interação com Seu Pai e Seus discípulos, Sua bondade, Sua vida perfeita e pura.

E qual a melhor maneira de alcançar esse objetivo? É simples! Leia diariamente em voz alta para seus filhos os quatro evangelhos – Mateus, Marcos, Lucas e João. Faça seus filhos, se já forem alfabetizados, também lerem em voz alta. Faça-os, também, escrever e memorizar versículos-chave como: "Disse-lhe Jesus: Eu sou o caminho, e a verdade, e a vida; ninguém vem ao Pai, senão por mim" (João 14:6). Mesmo que seu filho de três anos só consiga rabiscar umas poucas letras do alfabeto, faça que essas letras sejam J-E-S-U-S. (E, é claro, o segundo passo poderia ser: "Jesus me ama").

Faça seus familiares trabalhar, também, com quebra-cabeças e anagramas. Encoraje-os a escrever cartas e orações para Jesus sobre o que estão aprendendo. Inicie um álbum de recortes de Jesus. Separe um tempo para desenharem ou fazerem figuras coloridas das histórias sobre Jesus que está lendo para eles. Reserve um tempo dedicado à arte com o objetivo de ilustrarem a história e a verdade do dia.

Por exemplo, no último Natal, quando nossa família se reuniu, nosso foco era a história do Natal na Bíblia. Para reforçar a ênfase, consegui cinco folhas de adesivos (uma para cada criança) com imagens de cenas natalinas. Assim, um dia nossa "arte do dia" foi usar os adesivos para recriar a história do Natal sobre um pedaço de cartolina.

Você pode imaginar a miscelânea de lugares em que acabaram o menino Jesus, os jumentos, os camelos, as ovelhas e os homens sábios! E a estrela de Deus nem sempre "aparece" na metade superior do papel. Mas esse tempo de diversão serviu para reforçar o relato bíblico de Deus enviando Seu Filho para viver – e morrer – por nós. Que alegria ver cinco pequenas mentes e dez mãozinhas (e, oro por isso, ver cinco corações!) manuseando cada pessoa e animal que faz parte do advento de Jesus! E isso custa apenas uns centavos.

Agora, o que você fará hoje ou esta semana para enviar a verdade de Jesus em direção a pequenos e grandes corações?

Acertando o centro do alvo

E o que é centro do alvo? Eu, como mãe, quero que minhas filhas conheçam Deus, amem a meu Jesus e desfrutem a vida eterna conforme mencionada em 1João 5:12.

> Quem tem o Filho tem a vida; quem não tem o Filho de Deus não tem a vida.

Assim, orei (e orei, e orei!) para que minhas filhas tivessem um relacionamento com Deus por intermédio de Jesus. Sei que você quer o mesmo para a sua carne e sangue. Para acertar o centro do alvo, portanto, preste atenção para compartilhar, verbalmente e repetidas vezes, os fatos sobre "o evangelho".

O que é o evangelho? Eis uma resposta breve. Paulo, que recebeu a mensagem do evangelho do próprio Cristo, foi fiel ao transmiti-lo aos outros em 1Coríntios 15:3,4. Ele o explicou desta maneira: "Porque primeiramente vos entreguei o que também recebi: que Cristo morreu por nossos pecados, segundo as Escrituras; que foi sepultado; que foi ressuscitado ao terceiro dia, segundo as Escrituras".

> A fé em Jesus é o acontecimento mais importante na história da vida de uma criança.

Como você pode imaginar, muitos livros foram escritos sobre esses dois versículos. Contudo, para nossa finalidade, pense sobre as verdades do evangelho apresentadas nessas três afirmações:

❖ **Cristo morreu por nossos pecados** – Jesus Cristo, sem pecados, suportou a punição do pecado para que o pecado fosse removido dos que creem.

❖ **Ele foi sepultado** – Jesus Cristo morreu de verdade em uma cruz e foi enterrado de verdade em uma sepultura.

❖ **Ele ressuscitou no terceiro dia** – Deus Pai ressuscitou Jesus Cristo dentre os mortos, permanentemente e para todo o sempre.

O que significa isso para nós e para os nossos filhos? Antes de tudo, a Bíblia diz que "[...] todos pecaram" (Romanos 3:23). Assim, é claro que nós e nossos filhos precisamos ser perdoados pelo pecado. Precisamos de um Salvador! Precisamos de Jesus! A Bíblia também diz que "a tristeza" em relação ao pecado "[...] opera arrependimento [o desejo de sair do pecado e restaurar o relacionamento com Deus] para a salvação" (2Coríntios 7:10).

> **Construa uma ponte de verdade até o coração de seu filho e ore para que Jesus caminhe sobre ela.**

Mãe, após dizer tudo isso, fale a partir do seu coração e da Palavra de Deus para seus filhos. Torne isso um objetivo para todos os dias. Veja isso como uma tarefa diária sagrada e obrigatória. Elogie as boas ações de seus filhos, mas seja fiel para apontar qualquer comportamento que vá contra os padrões de Deus. E, ao mesmo tempo, direcione-os para Jesus, Aquele que pode perdoar os pecados deles e ajudá-los a fazer as coisas corretas. Fale com eles sobre o fato de Jesus ter morrido por seus pecados. E compartilhe as boas novas de que Ele está vivo – de que eles podem ter vida Nele e viver para sempre na presença Dele. Mostre-lhes a promessa de João 1:12: "Mas, a todos quantos o receberam, aos que creem no seu nome, deu-lhes o poder de se tornarem filhos de Deus".

Eis aqui o que Jim e eu fizemos com as nossas pequenas. Durante vários anos, nossa família cantou, uníssona e com prazer, o hino que diz: "Que dia de júbilo quando todos chegarmos ao céu!"... até que um dia Jim disse: "Um momento! Vamos todos para o céu?".

Foi quando começamos a ensinar e a contar mais sobre Jesus para nossas filhas. Começamos a compartilhar as verdades que mencionei, como também o que denominei de verdades "ou-ou":

> Entrai pela porta estreita; porque larga é a porta,
> e espaçoso o caminho que conduz à perdição, e
> muitos são os que entram por ela
> (Mateus 7:13).

> Quem tem o Filho tem a vida; quem não tem o
> Filho de Deus não tem a vida
> (1João 5:12).

> Em verdade, em verdade te digo que se alguém
> não nascer de novo, não pode ver o reino de Deus
> (João 3:3).

De novo, apenas Deus pode salvar a alma de seu filho. E apenas Deus pode trabalhar no coração de seu filho. Seu Espírito, contudo, trabalha por meio de Suas flechas – Sua Palavra e Sua verdade. Seja fiel ao fazer sempre sua parte. Você deve pregar Cristo! Como o apóstolo Paulo afirma: "Como pois invocarão aquele em quem não creram? e como crerão naquele de quem não ouviram falar? e como ouvirão, se não há quem pregue?" (Romanos 10:14).

Bem, é assim que você deve ser, mãe. Você deve ser uma "pregadora do evangelho" de Deus. E seu rebanho está exatamente em casa! Assim, transforme o contar sobre Jesus para seus filhos em o propósito e o objetivo primordiais de seu papel de mãe. Seja fiel ao abrir sua boca. Seja fiel ao preparar seus filhos. Seja fiel ao ensinar seus filhos. E seja fiel ao pregar! Seja fiel ao estar lá e persistir... ao mesmo tempo em que você é fiel para viver a fé genuína. E, é claro, seja fiel ao orar!

Mas e se... ?

Você está se perguntando: "Mas e se meu filho já orou para receber Cristo como Salvador?". Primeiro, que grande notícia! Agora, contudo, "o alvo" se torna o crescimento espiritual. E o crescimento espiritual é progressivo e contínuo. A cada novo dia e a cada nova provação, você tem mais oportunidades para ensinar a respeito de Jesus a seu filho – como Ele cresceu, como Ele aprendeu as Escrituras, como Ele caminhou em meio à vida e aos problemas, como Ele tratou os outros, como Ele orou, como Ele amou o Pai e Lhe obedeceu – e confiou Nele – como Ele viveu plenamente para Deus, como Ele realizou o propósito de Deus para Ele.

> **Como Deus agiria se vivesse na terra? Jesus é a resposta.**

A Bíblia diz: "[...] antes crescei na graça e no conhecimento de nosso Senhor e Salvador Jesus Cristo" (2Pe 3:18). Deixe que os membros da família respondam a cada verdade ao longo do caminho. Deixe-os, também, externar para você a compreensão que têm do evangelho e aquilo em que crêem. Dessa maneira, você mantém o dedo no pulso espiritual de cada filho. Você também tem percepções em relação ao nível de compreensão que eles têm, o que a guiará em futuras conversas a respeito de Deus.

Quando você deve começar?

As mães me perguntam com frequência se em tal e tal idade é muito cedo para começar a contar pequenas passagens e detalhes a respeito de Jesus. E minha resposta (como agora você já sabe!) é sempre a mesma – nunca é cedo demais para começar. De fato, que seus filhos não possam jamais lembrar-se de um dia em que você não lhes falou sobre Jesus, nosso Melhor Amigo e Salvador!

Pense também sobre os resultados desses levantamentos: "É muito mais provável que as pessoas aceitem a Cristo como seu Salvador quando são jovens. Tipicamente, a absorção de informações e de princípios bíblicos atinge seu ápice durante o período antes da adolescência... Hábitos, de alguém, relacionados com a prática da fé se desenvolvem quando a pessoa é jovem e mudam pouco surpreendentemente ao longo do tempo".[31]

Seu objetivo, portanto, como mãe cristã, é ensinar, e ensinar, e ensinar a seus filhos sobre Jesus. Compartilhar, e compartilhar, e compartilhar com eles sobre Ele! Falar, e falar, e falar sobre o Salvador. C. H. Spurgeon, pregador e evangelista inglês, expressou-se desta maneira:

> Antes de a criança alcançar os sete
> Ensine-a todo o caminho do céu;
> O trabalho melhor ainda floresce
> Se aprender antes dos cinco.

---

[31] Resultado do levantamento de BARNA, George. *Transforming children into spiritual champions*. Ventura, CA: Real Books Gospel Light, 2003, p. 41.

Nunca desista!

Seu filho tem mais de cinco anos? Ou de sete? Ou é pré-adolescente? Não se desespere! Em vez disso, examine seu coração (e suas emoções!) e faça o seguinte:

Lembre-se – a salvação é trabalho de Deus, Seu trabalho no coração de nossos filhos.

Ore – fervorosa e fielmente por seu filho ou filha para "Deus nosso Salvador, o qual deseja que todos os homens sejam salvos e cheguem ao pleno conhecimento da verdade" (1Timóteo 2:3,4). E ore por eles até morrer. Aponte a flecha de suas orações por qualquer filho teimoso ou retardatário até seu último suspiro para o céu. Nunca é tarde demais para orar! E nunca é tarde demais para o milagre da salvação!

Fale – a seus filhos adolescentes e jovens adultos a respeito de Cristo. Coloque as questões na vida deles de volta para Jesus – Seu ensinamento, Sua vida, Sua sabedoria e Sua habilidade para ajudar... e para salvar. Mesmo que eles digam: "Oh, mãe, lá vem você de novo!", siga em frente e fale a respeito de Jesus. Eles agem como se não se importassem, mas, acredite-me, isso entra na mente deles! E eles têm de processar isso. Pergunto a você, se eles não escutarem isso de *você*, aquela que vive com eles e que mais os ama, de *quem* ouvirão? Você, querida e fiel mãe, é a pessoa mais próxima de qualquer de seus filhos, seres que precisam desesperadamente ouvir e saber a respeito de Jesus.

> O evangelho atinge fundo o duro coração.

Anteriormente, compartilhei em outro livro a respeito de Agostinho ter sido citado como "um dos maiores Pais da Igreja".[32] Agostinho escarneceu, durante 33 anos, do ensino cristão e das orações de sua mãe, Mônica. E ainda assim, Mônica nunca desistiu. Ela pregou. Ela orou. Ela prosseguiu... até que um dia Agostinho, aos 33 anos, gritou em agonia para Deus: "Por quanto tempo? Não lembrarei os pecados de minha juventude!". Quando ele contou para sua mãe que, por fim, abraçara o Salvador, Mônica disse: "Agora, posso morrer em paz". A salvação de seu filho era a única coisa na terra que ela desejava. Mônica morreu cinco dias depois, e seu filho pródigo se tornou um dos pilares da Igreja.

Nunca desista!

— Resposta do coração —

Você, como mãe segundo o coração de Deus, que foi abençoada por Ele para ter filhos, também foi designada por Ele para compartilhar o conhecimento de Seu Filho com cada criança sob seu teto. Se você nunca for além dessa primeira prioridade em sua vida – esse objetivo número um! –, certamente já viverá uma vida plena e significativa. Mesmo se todos seus outros sonhos passarem ao largo de você, só fazer essa uma coisa é suficiente... porque foi *isso* o que Deus pediu para você fazer como a mãe que Ele escolheu para você ser.

---

[32] MOYER. Elgin S. *Who was who in Church history*. New Canaan, CT: Keats Publishing, Inc., 1974, p. 22.

E, em tudo que você faz, não se apresse em preocupar-se em relação à resposta de seus filhos à verdade sobre Jesus. Sei que você cuida com paixão e ora com fervor pela alma eterna deles, e isso é natural... e é bom! De novo, contudo, a salvação é trabalho de Deus. Mas eis aqui o que você pode fazer: abrir seu coração para Deus e reconhecer a determinação Dele para você contar a seus filhos a respeito de Seu amor – e de Seu precioso Filho. Aceite isso como um chamado de Deus. Abrace isso e siga em frente a toda velocidade. E faça isso com convicção e zelo!

Querida mãe, esse é *o grande por que* quando se trata de tudo que temos de fazer por nossos filhos. Por que ensinamos a Palavra de Deus, falamos para Deus sobre nossos filhos? Fazemos isso porque é nossa responsabilidade dada por Deus, nosso papel, nossa tarefa e a ordem de Deus para nós. Nosso coração deseja – na verdade, o objetivo de nossa vida – que nossos filhos escutem as verdades sobre Cristo. E, depois, com a graça e o desejo do Senhor, oramos para que essas verdades toquem fundo em seus corações, para que conheçam Cristo pessoalmente e desfrutem a promessa de vida eterna!

Arregace as mangas, portanto, e se mova de coração aberto em direção à sua missão! Tenha muito cuidado – e mira certeira – e atinja o coração de cada um dos seus queridos. Toque o coração daqueles que vivem sob seu teto várias vezes com verdade após verdade sobre Jesus. E faça isso por anos a fio! Ore com toda verdade para que o conhecimento do pecado, da salvação e da necessidade do Salvador caia fundo nos jovens corações maleáveis... até que, pela graça de Deus, eles respondam de maneira positiva.

Do coração de um pai

Olá! Quando eu era pastor, conduzi muitas sessões de aconselhamento matrimonial. Os casais com os quais conversava pertenciam, via de regra, a duas categorias.

A primeira categoria era o que a Bíblia chama de "jugo desigual" (2Coríntios 6:14), em que um parceiro não é cristão. Se seu marido não for cristão, ele realmente não estará interessado em ouvir falar a respeito de Jesus. É provável, contudo, que ele esteja interessado em saber que as crianças estão sob controle. Ele gosta de saber que a casa está limpa. E ele *ama* saber o que tem para jantar! Por isso, querida mãe, tenha certeza de que vive diante dele a realidade de Jesus que você quer que ele e seus filhos conheçam. A comunicação tem várias formas. Ensinamos, com frequência, de maneira bem mais audível por meio do que fazemos do que pelo que dizemos. Suas ações também ensinam a respeito de Jesus a seu marido! Como a Bíblia diz: "[Maridos] sejam ganhos sem palavra pelo procedimento de suas mulheres" (1Pe 3:1).

A segunda categoria é o casal composto de dois cristãos. Agora, e sempre, se você tem um marido crente, agradeça a Deus todos os dias por esse homem e ore diariamente para que ele tenha crescimento e sabedoria. Depois, além disso, sente-se com ele em um lugar tranqüilo e compartilhe o que você está aprendendo sobre ser Mãe segundo o coração de Deus. Deixe-o saber de seu compromisso de contar a respeito de Jesus para seus filhos. Compartilhe seu sonho de que eles tenham uma fé genuína em Cristo. Peça o apoio dele para ajudá-la a falar sobre Cristo.

Certifique-se, também, de agradecer-lhe por tudo que já faz para levantar o nome de Jesus em sua família. Agradeça-lhe o apoio e encorajamento que ele já lhe deu nessa tarefa crucial.

E se ele fica para trás na compreensão e no esforço exigido para isso, diga-lhe quão importante é para você essa determinação do Senhor, e como ela poderia ser aplicada para vocês dois. Peça-lhe sugestões de como vocês dois podem fazer com que a mensagem de Jesus entre nos corações e nas mentes de seus filhos. Nenhum de vocês tem todas as respostas e a sabedoria. Deus, entretanto, para ajudar, deu aos dois as riquezas e os recursos de homens e mulheres piedosos. Deixe seu marido saber que você quer se encontrar com uma mulher mais madura em busca de conselho e de sabedoria. Depois, pergunte-lhe se ele consideraria a hipótese de procurar um homem mais maduro na igreja, o qual já trilhou esse caminho no passado.

> Sei que foi aí que Elizabeth e eu nos encontramos em nossos dias iniciais como pais cristãos. Não tínhamos nenhuma pista de como ser pais piedosos. E, com certeza, não sabíamos como começar a ensinar nossas meninas a respeito de Jesus. Elizabeth e eu decidimos falar com quantos pais pudéssemos para pedir conselho. E fizemos isso até nossas filhas casarem.
>
> Prezada irmã, não se arraste em sua função de criar filhos. Não vá sozinha. Recrute seu marido para ajudá-la e peça a ajuda de outras pessoas em sua igreja.

Pequenas escolhas que trazem grandes bênçãos

1. Concentre-se no evangelho.

Agora que você pensou sobre o poder da mensagem do evangelho da salvação, faça o que o meu querido Jim fez. Pergunte a seus filhos: "Um momento! Vamos todos para o céu?". Depois, escolha mirar com mais precisão as flechas do evangelho, prender o arco com mais força para dispará-las com mais frequência. Pense sobre isto:

❖ O evangelho é dado por Deus.
❖ O evangelho é o que Deus faz para o homem.
❖ O evangelho é a boa nova.
❖ O evangelho traz transformação interior.
❖ O evangelho é... uma força – o poder de Deus para a salvação. [33]

2. Compartilhe a vida dos santos de Deus.

Quando você lê biografias cristãs com seus filhos, encontra uma resposta positiva atrás da outra em relação à diferença que o conhecimento sobre Jesus fez na vida e no coração da criança. Por exemplo, pense na vida de G. Campbell Morgan. Ele foi um menino que cresceu para se tornar um destacado ministro inglês e, mais tarde, pastor da Igreja Presbiteriana Tabernáculo, em Filadélfia. Escreveu-se a respeito dele que era "um grande organizador, um pregador poderoso, um príncipe entre os evangelistas, um professor e líder dos ministros e estudantes das Sagradas Escrituras". [34]

Escute, contudo, as palavras do próprio Morgan: "Minha dedicação à pregação da Palavra foi maternal... quando aos oito anos preguei para minha irmãzinha e suas bonecas arrumadas em ordem diante de mim. Meus sermões eram histórias bíblicas que ouvi minha mãe contar". [35]

---

[33] NOBLE, Jerry. Citado em Albert M. Wells Jr. *Inspiring quotations – contemporary & classical*. Nashville: Thomas Nelson Publishers, 1988, p. 82.
[34] MOYER. *Who was who*, p. 293.
[35] TAN, Paul Lee. *Encyclopedia of 7700 illustrations*. Winona Lake, IN: BMH Books, 1979, p. 851.

Leia, mãe! Conte a seus filhos as histórias da Bíblia a respeito de Jesus!

3. Cante músicas a respeito de Jesus.

Fiquei assustada um domingo, na igreja, quando fui procurar um de meus netinhos. Lá estava ele, sentado no colo de uma jovem que participava da aula. Ela segurava as mãos de meu neto e o fazia bater palmas, cantando: "MIC-KEY MOU-SE" para ele. Eu sorri e silenciosamente (assim espero!) perguntei-lhe: Você conhece 'Jesus Loves Me' ('Jesus me ama')?. Quando ela respondeu: 'É claro', disse-lhe logo em seguida: 'Essa é uma das favoritas dele. Por que você não canta essa música para ele? Ele ama essa canção'.

Oh, como aquilo cortou meu coração! Aqui estávamos, como família cristã, trazendo todos à igreja para que pudessem aprender mais a respeito de Jesus. Contudo, também recebi uma mensagem: quando estiver em casa cante músicas a respeito de Jesus! Eu me pergunto quantas vezes perdi uma oportunidade de cantar ou contar aquela mesma história infantil a respeito de Jesus!

4. Orçamento para livros.

É espantoso o quanto uma família gasta com o serviço de TV a cabo, vídeos e CD's. Não hesite, portanto, em ter um orçamento para livros a respeito de Jesus. Agende visitas regulares à sua livraria cristã e guarde uma lista de títulos que você descobriu em seus passeios que podem ensinar a seus filhos as verdades a respeito de Jesus. Observe, também, os livros que seus filhos gostam. Comprar, de vez em quando, um livro especial que eles mesmos escolhem fará que esse livro, com certeza, seja o favorito e sua relíquia. E pense apenas no que isso pode realizar no coração de seu filho!

5. Peça aos outros que orem.

Ser mãe é estar no centro de uma batalha. Você é uma guerreira! E a batalha para o coração de seu filho é espiritual! Assim, recrute o apoio em oração de todas as pessoas cristãs da família. Se seus pais ou sogros forem crentes, peça a eles que se comprometam pessoalmente a se tornarem guerreiros em oração em favor de seus filhos. Peça-lhes que orem todos os dias em favor de cada um de seus filhos. E se não houver nenhum guerreiro de oração em sua família, recrute uma mulher experiente na vida cristã ou sua melhor amiga para unir-se a você na batalha. Minha irmã, bombardeie os portões do céu pelas almas que estão sob a sua responsabilidade!

5

Instrua os seus filhos
no caminho de Deus

> Instrui o menino no caminho em que deve andar, e até quando envelhecer não se desviará dele.
> **PROVÉRBIOS 22:6**

Em outros livros, compartilhei a respeito de minha amiga Judy, a jardineira, e seu jardim maravilhoso. Bem, delícia das delícias, Judy (também conhecida como Judy, a artista) e eu colaboramos em um livro para crianças intitulado *God's Wisdom For Little Girls* (*A sabedoria de Deus para menininhas*).[36] Não

---
[36] GEORGE, Elizabeth. *God's wisdom for little girls: Virtues and fun from Proverbs 31*, com

nos surpreendemos que a ilustração de Judy, a favorita de todos, fosse "a menininha" ocupada com seu trabalho em um canto do verdadeiro jardim de Judy. Para guiar meninas e o desenvolvimento de seu caráter, eu escrevi:

O jardim da menininha de Deus – que formidável!
Isso começou com um sonho, uma oração e um plano.
Sabemos que nada desse esplendor aconteceu por acaso:
Levou tempo e precisou de cuidado para que as flores crescessem.

Como o jardim de Judy se tornou tão magnífico? Múltiplas palavras atravessam rapidamente minha mente enquanto procuro uma resposta. Comprometimento. Tempo. E não posso deixar de fora esta... amor! E todas essas atitudes e qualidades de coração foram trabalhadas dia a dia, anos a fio.

O esforço da educação de Judy foi mais ou menos assim. Todos os dias, no silêncio do começo do dia, ela fielmente alimenta, cultiva e coloca água nas rosas que cobrem a sua pérgula. Depois, com uma tesoura específica, ela corta qualquer coisa que cresce de forma desordenada, poda os brotos desnecessários e remove cada flor morta. Judy (que também costuma ser Judy, a enfermeira!) remove cirurgicamente tudo que possa atrapalhar o crescimento de suas queridas rosas.

Oh, mas ela ainda não acabou! A seguir, vem o processo de educação. Judy monta sua escada de mão e prende com arame as trepadeiras de rosas, direciona cuidadosamente o crescimento delas e muda o rumo quando é necessário. Ela trabalha nisso até obter o resultado que quer e vê surgir o

---

ilustrações de Judy Luenebrink. Eugene, OR: Harvest House Publishers, 2000.

desenho e a beleza que tem em mente. Judy sabe que dá trabalho desenvolver um jardim – prestar atenção a cada simples planta do jardim. Mas é um trabalho de amor. E o trabalho profícuo é necessário para qualquer pessoa que queira algo magnífico.

Você está comigo, mãe? Você percebe que estamos indo para um capítulo a respeito da educação de crianças para Deus... e para a vida? Vamos direto ao cerne do que significa instruir os nossos filhos nos caminhos de Deus!

Desenvolvendo uma criança

Deus escreveu *O Livro* sobre criar filhos, e Ele tem muito a dizer sobre o assunto de como educá-los. Para começar, Ele espera que nós preparemos ativamente nossos filhos para a vida. Em Provérbios 22:6, o Senhor dá o Seu comando: "Instrui o menino no caminho em que deve andar". Ele também encoraja: "[...] e até quando envelhecer não se desviará dele". Nós, mães, temos o desafio divino para "educar" cada um de nossos filhos e, para isso, precisamos fazer dois esforços:

❖ **Educar** – Uma definição para *educar* é "treinar" ou "instruir". Isso reúne todas as partes da verdadeira educação religiosa. Como acontece essa educação? Esperamos até que nossos bebês saibam sentar, andar ou falar, até que nossos filhos cheguem a certa idade? Esperamos até que vejamos algum vislumbre de desejo na criança? Deixamos que uma escola cristã faça isso por nós? Ou esperamos até que nosso filho entre no sistema de Escola Dominical ou do grupo de jovens da igreja?

- **Iniciar** – Essa próxima definição responde às questões mencionadas: educar também significa "iniciar". Veja, nós, os pais, devemos educar e instruir. E devemos ser agressivos e tomar a iniciativa. Nossa instrução deve ser obstinada e intencional para aproveitarmos todas as oportunidades para educarmos nossos filhos "no caminho em que deve[m] andar".

E o que acontece se não iniciarmos nem educarmos nossos filhos no caminho em que devem andar? Eles seguirão o caminho em que querem ir! As crianças que escolhem o próprio caminho serão mimadas e autocentradas mais tarde. E o livro de Provérbios nos ensina: "[...] mas a criança entregue a si mesma envergonha a sua mãe" (Provérbios 29:15).

Provérbios 22:6 (instrua a criança..) também é um aviso de Deus para os pais: se falharmos em educar nosso filho ou se permitirmos que a criança se eduque de acordo com seus desejos, não podemos esperar que essa criança queira mudar esse padrão mais tarde. Isso porque "as crianças nasceram pecadoras e quando lhes permitem seguir seus desejos, desenvolverão naturalmente hábitos de respostas pecaminosas... Esses padrões de hábito ficam entranhados quando são incutidos na criança no início da vida".[37]

Mãe, perceba que você está em uma missão para educar o seu filho desde o primeiro minuto possível. Essa educação é realizada de duas maneiras, que nunca mudam.

---

[37] MacDonald, William. *Enjoying the Proverbs*, citando Adams, Jay. *Competent to counsel*. Grand Rapids, MI: Baker Books House, 1970. Walterick Publishers, P. O. Box 2216, Kansas City, KS 66110, 1982, p. 120.

Participe ativamente da educação – Você, igual a Judy, deve vestir as luvas, pegar a tesoura de poda e o arame e instruir, ativa e agressivamente, sua "jovem planta" por meio da participação ativa da educação de seu filho. Sim, você ensina a Bíblia a seus filhos. E, é claro, você está lhes ensinando as regras para viver por meio de tarefas práticas e necessárias e como fazê-las. Você, contudo, os está ensinando como fazer escolhas sábias? Esse é um de nossos deveres como mães. Assim, por mais difícil que seja, não deixe que seu instinto natural de mãe aja e faça todas as escolhas por seu filho (o que é fácil de fazer, mas causa danos ao longo do curso). Em vez de educá-los mostrando-lhes como fazer boas decisões (para o longo curso!).

A educação ativa também envolve instruir os nossos filhos por meio da correção que inclui disciplinar quando for necessário. [38] Uma fonte coloca isso mais ou menos desta maneira: a educação começa no joelho da mãe. Você deve não apenas instruir seu filho *em* seu joelho, mas também, em algumas ocasiões, *sobre* o seu joelho! E, para instruir uma criança no caminho que deve seguir, isso são necessários os *dois* joelhos. (Em um minuto veremos mais sobre isso).

Viva a sua educação – Esse processo de educação não-ativo envolve providenciar educação e instrução pela modelagem do comportamento correto. É muito mais pessoal... e muito mais difícil. Significa percorrer o caminho em acréscimo ao falar! Para mim, o versículo sobre a "mãe" mais assustador na Bíblia é Provérbios 23:26: "Filho meu, dá-me o teu coração; e deleitem-se os teus olhos nos meus caminhos". Conforme ele prossegue, fica-se sabendo que é nobre

---

[38] Veja Provérbios 13:24; 23:13,14; 29:15,17.

educar o filho no caminho que deve seguir, mas melhor ainda é você mesma seguir esse caminho. Quando fazia faculdade para me tornar professora, diziam-me constantemente isto: "Você ensina pouco pelo que fala, mas muito pelo que você é". E o mesmo é verdade para você, mãe. Seus filhos seguirão as suas pegadas mais facilmente e com mais frequência que seguirão seus conselhos!

> **Eduque seu filho no caminho que deve seguir, mas melhor ainda é você mesma seguir esse caminho. [39]**

O apóstolo Paulo disse: "Sede meus imitadores, como também eu o sou de Cristo" (1Coríntios 11:1). Ele os lembrou que "O que também aprendestes, e recebestes, e ouvistes, e vistes em mim, isso praticai" (Filipenses 4:9). Nós, como mães segundo o coração de Deus, também devemos ser capazes de suprir essas mesmas instruções para nossa família. Nossa vida deve ser um "livro" que nossa família pode seguir.

Fui tão tocada por este poema que o transmiti para minhas filhas. O palavreado é para pais de meninos, mas também aplica-se às mães que criam meninas.

> Cuidadosa [mãe] eu devo ser,
> Um pequeno companheiro segue-me.
> Não ouso desviar-me,
> Por temor de que ele siga o mesmo caminho.
>
> Nem uma vez posso escapar de seus olhos;
> Tudo que me vê fazer, ele tenta.
> Ele diz que será como eu,
> Esse pequeno camarada que me segue...

---

[39] DOAN, Eleanor. *Speaker's sourcebook*. Grand Rapids, MI: Zondervan Publishing House, 1998, p. 48.

Devo lembrar-me disto quando sigo
Através do sol do verão e da neve do inverno:
Estou moldando para os anos vindouros
Esse pequeno camarada que me segue. [40]

De uma semente

Quando é o melhor momento para uma mãe começar a instruir "o menino no caminho em que deve andar"?. É óbvio que quanto mais cedo, melhor. Semelhante à jardinagem, se podemos começar do início, com cada pequena semente, em geral, a instrução ocorre de forma mais suave. Henry Ward Beecher, pastor e pregador reformado, observa muito bem: "Não é difícil fazer uma criança ou uma árvore crescer de maneira correta se você os educa quando jovens, mas não é fácil endireitá-los depois que você permitiu que crescessem errado".

Sempre me espanto com mães (e avós também) que por meio de uma perspectiva autobiográfica compartilham que pensam que é muito cedo para começar a ler meus livros infantis – ou qualquer outro livro infantil e até a Bíblia! – para seus filhos. Elas explicam que isso se deve ao fato de que têm apenas nove ou doze meses, dezoito meses, dois anos, quatro anos! Eu procuro ser uma dama e me contenho quando lhes digo que acredito ardentemente que nunca é muito cedo para começar a educar os pequenos. Nunca. (Lembra-se do pequeno Samuel na Bíblia? Com cerca de três anos foi separado de sua mãe para servir a Deus no templo).

---

[40] DeJong, Benjamin R. *Uncle Ben's quotebook*. Grand Rapids, MI: Baker Book House, 1977, p. 142, não é dado o nome do autor.

Seja, portanto, qual for a idade de sua pequena semente, comece a ler, a ensinar e a instruir... agora. Inicie a educação e o ensino com ânimo e de coração. Não importa o que eles entendem ou não, eles sentirão o seu amor e paixão. Eles também se acostumarão com sua voz e seu ensino. Acredite-me, eles captam muito mais do que você pode imaginar. Pense nisso...

Jim e eu, durante um recente feriado de Natal, ficamos no quarto de hóspedes da casa de nossa filha Katherine, em Nova York. Soubemos que Paul havia acabado de pintar o quarto em antecipação à nossa chegada, portanto, ficamos surpresos de ver algumas marcas de sujeira em uma parede de nosso quarto. Quando olhamos de perto, contudo, vimos marcas de datas e os nomes dos filhos de Kath e Paul escritas a lápis... e linhas que marcavam a altura deles! Isso, é claro, trouxe sorrisos a nossos corações e faces.

Eis, contudo, o que é alarmante. Muitos pais (inclusive Jim e eu) são fiéis em registrar o crescimento e o desenvolvimento de seus filhos nas paredes, nos batentes de portas ou em diários. Muito antes de poder ser medido fisicamente, todavia, já acontece um maciço crescimento mental, espiritual e moral na pequena criatura. Alguns pais nem mesmo medem o crescimento de seus filhos antes dos três anos. E ainda, no que diz respeito à alma e ao coração do filho, "deixe cada pai e mãe perceber que quando o filho está com três anos, ele já fez mais da metade do que jamais fará por seu caráter". [42]

> **O tipo de pessoa que seu filho se tornará, ele já está se tornando... e se tornando rapidamente!** [41]

---

[41] BUSHNELL, Horace em Doan. *Speaker's sourcebook*, p. 49
[42] Programa Heart to Heart citado em Doan. *Speaker'sourcebook*, p. 49.

De que maneira, Senhor?

Dou graças quando Deus disse: "Instrui o menino", pois Ele não determinou de maneira vaga uma tarefa a nós mães! Ele não nos deixou perguntando-nos ou preocupando-nos sobre a direção e o desejo que queria que alcançássemos como resultado de nossa educação. Não, Ele nos disse em Provérbios 22:6 exatamente qual é o nosso propósito e o objetivo: "Instrui o menino no caminho em que deve andar". O "caminho em que deve andar" responde ao clamor de nosso coração: "De que maneira, Senhor?".

A maneira de Deus – Qual você pensa ser a maneira certa? Se você disse: "A maneira de Deus", você está certa. Provérbios nos diz que "o caminho do Senhor" é "o caminho da vida", "o caminho da sabedoria" e "o caminho da justiça". Isso é mais munição para termos certeza de que ensinamos a Palavra de Deus aos nossos filhos. Assim, eles conhecerão o Seu caminho! E (de novo!) esse é o nosso serviço, mães – ensinar aos nossos filhos o caminho de Deus, educá-los no caminho de Deus e insistir para que eles sigam o caminho do Senhor. Provérbios 6 diz que a lei da mãe e a instrução dela "[...] são o caminho da vida" (v. 20-23).

Instrua, portanto, com ânimo e de todo o coração, querida mãe! Viva continuamente no caminho de Deus, ensine com constância a Palavra de Deus (veja Deuteronômio 6:7,8) e inculque consistentemente a sabedoria de Deus com disciplina amorosa inteiramente na educação de seus filhos (Efésios 6:4).

> **Eu te ensinei o caminho da sabedoria; guiei-te pelas veredas da retidão.**
> **Provérbios 4:11**

A sabedoria de Deus – Eu disse "disciplina"? Sim. Na verdade, Deus disse isso. E como mães segundo o coração de Deus, fazemos o que Ele diz. Ele diz que devemos ensinar nossos filhos, portanto, nós ensinamos. E Ele diz que devemos instruir nossos filhos, portanto, nós o fazemos. E parte da instrução envolve os Seus mandamentos para corrigir e disciplinar nossos filhos, portanto, nós fazemos isso.

> [...] porque o Senhor repreende aquele a quem ama, assim como o pai ao filho a quem quer bem (Provérbios 3:12).

> Corrige a teu filho enquanto há esperança (19:18).

> Aquele que poupa a vara aborrece a seu filho; mas quem o ama, a seu tempo o castiga (13:24).

> Instrui o menino no caminho em que deve andar (22:6).

> A estultícia está ligada ao coração do menino, mas a vara da correção a afugentará dele (22:15).

> Os açoites que ferem purificam do mal (20:30).

A Bíblia ensina de maneira clara que amar a seu filho é discipliná-lo. Provérbios 13:24 afirma: "Aquele que poupa a vara aborrece a seu filho; mas quem o ama, a seu tempo o castiga". E Efésios 6:4 adverte: "E vós, pais, não provoqueis à ira vossos filhos, mas criai-os na disciplina e admoestação do Senhor".

Oh, corrigir e disciplinar meus dois bebês – minhas preciosas e queridas menininhas – sempre foi difícil para mim! Em meu livro *Uma mulher segundo o coração de Deus*, descrevi como, pela primeira vez, aprendi esse ensinamento da Bíblia. E que não acreditei no professor que ensinou isso... até que eu mesma li na Bíblia. Lutei com essa verdade, lamentei essa ordem e orei a respeito dela. Falei sobre ela e a revi com Jim até que chegamos a um plano mútuo para implementar essa sabedoria de Deus. E, depois, mergulhamos na instrução de nossas queridas pequenas quanto ao caminho em que elas *deveriam* seguir... não no caminho em que *poderiam* seguir – embora ainda estivessem em tão tenra idade!

Aqueles foram dias, e anos, difíceis! E se você precisa de ajuda para iniciar com a disciplina bíblica – ou encorajamento para prosseguir ou um novo lembrete para permanecer fiel – dediquei toda a seção "Pequenas escolhas" a algumas "pequenas coisas" básicas.

O caminho da criança – A maneira apropriada de educar uma criança é uma faca de dois gumes. De um lado, você deve apontá-las para o caminho de Deus. E, de outro lado, para alcançar qualquer sucesso em toda instrução de seu filho para Deus e para a vida você deve conhecer seu filho, o que o entusiasma e o faz despertar.

Essa é outra mensagem de Deus para as Suas mães em Provérbios 22:6. Foi traduzido como "instrua a criança de cordo com as exigências da vida dela", "eduque a criança para a ocupação para a qual tem aptidão e é apropriada a ela",[43] e

---

[43] The New American Bible e James Moffatt, *A new translation of the Bible*, respectivamente, citado em Curtis Vaughan, *The word – The Bible from 26 translations*, Gulport, MS: Mathis Publishers, Inc., 1991, p. 1221.

coloque-a "no caminho" – o caminho específico para ela, "o caminho escolhido por ela e o qual deverá seguir". [44]

Em outras palavras, todas as crianças foram extraordinária e maravilhosamente feitas e têm a sua própria "inclinação". Há um caminho ou direção no qual se pretende que cada uma cresça e siga. Cada um de seus pequenos – e grandes! – tem talentos naturais e traços de personalidade que devem ser encorajados. Por exemplo, talvez, como minha tentativa de criar filhas que tinham apenas treze meses de diferença entre elas, você esteja tentando criar e educar todos os seus filhos da mesma maneira, com os mesmos métodos e na mesma direção.

E, contudo, seus filhos são indivíduos distintos. Por exemplo, uma de minhas meninas é destra; e outra, canhota. Uma é abençoada por gostar de limpeza e ser ordeira, e outra é "um espírito livre". Uma chegava às lágrimas de remorso com um olhar duro ou de desgosto... e a outra precisava de consequências mais severas... muitas e muitas vezes! Hoje, essas duas criaturas maravilhosas e únicas, mulheres de Deus, amam o Senhor (e Jim e eu!) e são mães, mas uma pende mais para o lado do desenho artístico, e a outra ama a organização e contabilidade.

Minha experiência é apenas um breve esboço com poucas diferenças de "inclinações", mas tenho certeza de que você percebeu o ponto. Seus filhos são indivíduos com força e capacidades especiais – as inclinações específicas deles – que devem ser desenvolvidas. Deus pede que você se una a Ele na aventura e ajude cada um deles a descobrir, escolher e trilhar o caminho certo.

---

[44] JAMIESON, Robert, FAUSSET, A. R. e BROWN, David. *Commentary on the whole Bible.* Grand Rapids, MI: Zondervan Publishing House, 1971, p. 470.

Colhendo o fruto de nosso trabalho... e amor

Temos, pelo menos, a esperança de colher o bom fruto na época – "Instrui o menino no caminho em que deve andar, e *até quando envelhecer não se desviará dele*" (grifos da autora). É claro, há expectativas para essa "promessa", mas ela ainda permanece como uma regra geral. Esse versículo, o favorito dos pais cristãos, não oferece uma garantia firme e inabalável. Ele, contudo, repousa sobre um princípio geral. É assim – como uma árvore cresce para ser altiva e saudável com a ajuda de um jardineiro (a ajuda que Judy dá às suas rosas), assim as crianças crescem na direção em que são educadas em casa.

> A educação forma a mente infantil; exatamente como a inclinação do ramo, a árvore inclinada. [45]

E, sim, as crianças criadas no cultivo e admoestação do Senhor podem afastar-se de Deus. Jamais, contudo, podem livrar-se das orações de suas mães aguando as sementes da Palavra de Deus e do amor que foi plantado em seus corações ao longo da vida. São grandes as chances de que as sementes da instrução fiel um dia venham à vida. As Escrituras aprendidas de cor farão que os queridos perdidos lembrem-se da casa de seus pais, consigam o prumo e retornem para casa (veja Lucas 15:11-20).

Você sabe o que quer para você? É a mesma coisa que quero para mim. Quero que tenhamos a colheita que Deus aponta aqui em Provérbios 22:6, quero que nossos filhos levantem-se – saiam em público e prossigam com suas vidas

---

[45] WARDLAW, Ralph. *Lectures on the book of Proverbs*, vol. III. Minneapolis:Klock &Klock Christian Publishers, Inc., reimpresso em 1982, p. 38.

como adultos totalmente desenvolvidos e maduros, bem como que abençoe você, não verbalmente, mas com a vida deles (Provérbios 31. 28). Quero que nossos filhos sejam a próxima geração a respeito da qual Deus e Moisés estavam tão preocupados em Deuteronômio 6. Quero que eles também carreguem o bastão da fé em Deus para outra geração enquanto eles também educam seus filhos nos caminhos em que devem seguir.

— Resposta do coração —

Nosso capítulo está ficando longo, e uma das razões disso é que ser mãe é um de meus "emblemas vivos". Quero que você pegue a ordem de Deus para educar seus filhos até o cerne e o coração deles, querida mãe. Como desejaria estar exatamente aí para ajudar você. Para ouvir. Para compartilhar. Para encorajar. Para exultar... ou lamentar. Para abraçar. Para orar. Após toda essa camaradagem, contudo, e depois que os lenços forem colocados de lado, eu lhe contarei isto...

Por favor, arregace as mangas de sua maternidade e mergulhe nela. Dedique-se de coração à tarefa de ser mãe, entregue-se totalmente, dê o seu melhor, seu tempo, seu sangue, suor e lágrimas... e, acima de tudo, suas orações! Aprenda tudo que puder. Faça tudo que puder. Espere lá. Não fique desencorajada. Nem sequer pense em desistir. E ore sempre!

Deus a incumbiu de uma nova geração. E Ele também lhe deu toda graça, e força, e poder, e sabedoria, e amor que precisará para cada passo ao longo do caminho. Acredite nisso e reconheça isso. Nunca esqueça – você é Mãe segundo o coração de Deus. Você nasceu para isso.

Do coração de um pai

Olá! Quando li este capítulo para preparar minha seção "Do coração de um pai", não pude deixar de lembrar algo que escrevi para adolescentes em meu livro *A young man after God's own heart (Um jovem segundo o coração de Deus)*.[46] Comparei a instrução de soldados no "campo de treinamento" com a educação de jovens em casa. Eis o que eu disse no capítulo intitulado "Instruindo no Campo Caseiro". (E a propósito, isso também se aplica às moças).

Sua casa é o campo de treinamento de Deus para a sua vida futura. Instrua bem e terá as ferramentas para desenvolver as habilidades para uma vida produtiva e a qual exerça influência. Falhe em sua instrução no Campo Caseiro, e isso amplia muito a possibilidade de uma vida de fracassos.

Agora, o que seria de interesse para você é que a instrução militar autêntica no campo de treinamento exige não apenas

---

[46] GEORGE, Jim. *A young man after God's own heart*. Eugene, OR: Harvest House Publishers, 2005, p. 86. Ainda não disponível em português.

recrutas dispostos, mas também um sargento de instrução veterano de combate, já endurecido, para que a instrução seja bem-sucedida. (Você percebe para onde estou indo com essa analogia?) Seus jovens recrutas, não importa a idade, podem ou não estar dispostos, mas isso não importa. Deus pede que você faça sua parte ao se tornar Seu "sargento de instrução" em casa. Ele pede que você pegue seus jovens recrutas e lhes dê instrução para a vida, para instruí-los "no caminho em que devem andar". O futuro deles depende, em parte, de quão bem você faz seu serviço no "Campo Caseiro".

Se os seus filhos tiverem mesmo dois ou três anos, é provável que você já se sinta como um sargento de instrução. O dia todo você grita ordens, dá instruções, inspeciona beliches e move as tropas do ponto A para o B. E, à noite, você tenta passar a responsabilidade ao sargento mestre de instrução de sua família, seu marido, também conhecido como Papai.

É ótimo quando a "transferência de poder" é bem sucedida, e o Sargento de Instrução Papai se encarrega das ordens e da disciplina. Infelizmente, contudo, às vezes o papai deixa a bola cair. Ou, por qualquer razão, ele não quer a bola. Ou ele está fora a negócios e não está lá para tomar as rédeas. Então, o que você faz?

Seja o que for, não aceite o SASS (Ser Ausente Sem Sair)! Continue em seu posto. Continue a dar suas ordens e a realizar suas tarefas. Peça a Deus (seu Comandante Supremo) que a ajude em seu papel de instrutora e de sargento de treinamento. E ore para conseguir reforços!

E se você for uma mãe solteira e não houver outro sargento de instrução? Procure, então, sua igreja e sua família para pedir reforços. Peça a outro homem experiente da igreja que esteja de sobreaviso para essas ocasiões em que a ajuda de um homem é importante, em especial, para educar os seus meninos. Eu faço isso para minha filha Courtney quando o seu marido da Marinha está no mar. Um dia, ela ligou e pediu: "Papai, você pode vir e conversar com Jacob? Ele precisa apenas de um homem em sua vida". Quem Deus conseguiu para ajudá-la?

Pequenas escolhas que trazem grandes bênçãos

1. Comece hoje!

Nunca é muito cedo para começar a instruir seus filhos. E também nunca é tarde demais. Assim, seja o que for, faça algo agora. A negligência no presente leva a um risco posterior. E a negligência presente também pode levar a um arrependimento futuro. É fácil iniciarmos o nosso trabalho como mães, muito tarde, mas nunca é cedo demais para iniciá-lo. Uma vez ouvi um pai cristão dizer que seu objetivo foi disciplinar seus filhos tão cedo na vida que eles não apenas tiveram a mensagem de certo e errado cedo, como também nunca se lembram de terem sido disciplinados!

2. Converse com o seu marido.

Tente combinar com seu marido sobre as maneiras e os métodos que vocês, uma equipe, usarão para disciplinar e corrigir os seus filhos. O objetivo é ter consistência. Isso é bom para os pais e para os filhos. Isso causa menos confusão em seus filhos..., e lhes transmite uma mensagem sonora, sólida e uniforme para que não joguem um de vocês contra o outro.

3. Inscreva-se em uma aula sobre a maternidade na igreja.

Jim e eu, quando nossas meninas tinham dois e três anos, fizemos um curso inestimável (foram apenas quatro sessões!) sobre ensinamentos de como criar filhos segundo a Bíblia, e ele foi ministrado por um dos veteranos da igreja e sua esposa. Seguimos muitos de seus princípios por quase vinte anos, até nossas filhas se casarem. Os conselhos deles, provenientes da Bíblia, são à prova do tempo. Não deixe passar a sabedoria disponível em sua igreja. E se a agenda e o horário da aula representarem um problema, verifique na biblioteca de sua igreja a disponibilidade de vídeo ou DVD sobre a maternidade e a paternidade. Apenas certifique-se de estar crescendo nessa, às vezes desconcertante, parte de sua vida.

4. Seja flexível.

A cada minuto de cada dia, de cada semana, de cada ano, nossos filhos mudam. Planeje, portanto, rever e ajustar com regularidade a educação de seus filhos – pelo menos, uma vez por semana. Sempre terão de ser feitas mudanças. *Sempre*! Avalie constantemente a sua educação e a disciplina. O que funciona? O que não funciona? Que tipos de disciplinas podemos deixar de lado? Quais devem ser intensificadas ou de quais devemos recuar?

5. Seja generosa com os elogios e encorajamento.

Mencione o fato toda vez que vir o comportamento cristão em seus filhos. Quando acontecem mudanças positivas, louve a Deus... e elogie seus filhos. Deixe-os saber que você notou as mudanças.

Celebre! Gabe-se deles. Conte ao pai as coisas maravilhosas que fizeram. Essa é uma ótima maneira de equilibrar a disciplina com amor.

O reformador Martinho Lutero, cujo pai era muito severo, escreveu certa vez: "Poupe a vara, e a criança se estraga – isso é verdade. Apesar da vara, contudo, guarde uma maçã para lhe dar quando ele fizer bem feito". Certifique-se, mãe. Você encoraja e elogia pelo menos com a mesma frequência com que reprova ou corrige?[47]

6. Ore como nunca orou antes!

Temos um capítulo inteiro sobre essas "pequenas escolhas" que trazem grandes bênçãos, porém comece a orar agora. Não espere nem mais um segundo. São *nossos* filhos! Ninguém (a não ser o Senhor) quer que eles andem no caminho de Deus mais que você. Você precisa de força, sabedoria, obediência, amor – e muita paciência! – e tudo isso vem de Deus. Portanto, peça!

7. Tenha muita alegria!

Um de meus princípios para ser mãe era: "Tenha uma bola!". A educação exige tempo, esforço e planejamento. E o mesmo também acontece para se ter alegria e diversão. Assim, crie uma página para cada dia da próxima semana e planeje um princípio de alegria. Deixe a festa começar!

---

[47] BARTON, Bruce. *Life application Bible commentary – Ephesians*. Wheaton, IL: Tyndale House Publishers, Inc., 1996, p. 122.

Dez mandamentos
para guiar seus filhos

- ❖ Ensine-os, usando a Palavra de Deus (Deuteronômio 6:4-9).
- ❖ Diga-lhes o que é certo e errado (1Reis 1:6).
- ❖ Veja-os como presentes de Deus (Salmo 127:3).
- ❖ Guie-os em caminhos piedosos (Provérbios 22:6).
- ❖ Discipline-os (Provérbios 29:17).
- ❖ Ame-os incondicionalmente (Lucas 15:11-32).
- ❖ Não provoque a ira deles (Efésios 6:4).
- ❖ Ganhe o respeito deles pelo exemplo (1Timóteo 3:4).
- ❖ Supra as necessidades físicas deles (1Timóteo 5:8).
- ❖ Transmita sua fé para eles (2Timóteo 1:5). [48]

---

[48] BRANON, J. David, quando citado em ZUCK, Roy B. *The speaker's quote book*. Grand Rapids, MI: Kregel Publications, 1977, p. 51.

As regras de Susana Wesley
para a educação dos filhos

Você não consegue pensar em diretrizes para os seus filhos? Deixe Susana Wesley (a mãe do fundador do Metodismo, João Wesley, e mãe também de Carlos Wesley, destacado autor de hinos) iniciar para você. Essa nobre mãe, que teve dezenove filhos, desenvolveu essas diretrizes. Embora tenham mais de duzentos anos, as regras dela para ensinar um filho a ser obediente ainda são atuais.

1. Não permita que as crianças comam entre as refeições.
2. Coloque todas as crianças na cama por volta das 20 horas.
3. Faça-as tomar remédio sem reclamar.
4. Reprima a teimosia nas crianças e, desse modo, trabalhe com Deus para salvar a alma delas.
5. Ensine cada uma delas a orar tão logo comecem a falar.
6. Faça que todas fiquem em silêncio durante a adoração em família.

7. Não lhes dê nada que peçam chorando, apenas o que pedem de maneira polida.

8. Para evitar mentiras, não puna a falta que é confessada e da qual se arrependem.

9. Nunca permita que um ato pecaminoso fique sem punição.

10. Nunca puna duas vezes a criança por uma simples ofensa.

11. Elogie e recompense o bom comportamento.

12. Toda tentativa de agradar, mesmo que fraca, deve ser elogiada.

13. Preserve os direitos de propriedade, mesmo nos menores assuntos.

14. Cumpra com rigor todas as promessas feitas.

15. Não exija que uma criança trabalhe antes que saiba ler bem.

16. Ensine as crianças a temerem a vara. [49]

---

[49] "Home Life" em Doan. *Speaker's sourcebook*, p. 50.

6

Cuide
de seus filhos

> E qual o pai dentre vós que, se o filho lhe pedir pão, lhe dará uma pedra?
>
> **LUCAS 11:11**

Lisa, minha boa amiga, é conhecida como "dr. Tatlock" por seus alunos no Master's College, onde ela ensina economia doméstica. No livro *Designing a lifestyle that pleases God (Planejando um estilo de vida que agrade a Deus)*, que escreveu com o dr. Pat Ennis, Lisa falou sobre "o choque cultural da maternidade" e de sua luta para ajustar-se a seu novo papel de mãe. (Isso soa familiar? Traz algumas recordações?) Lisa, para ajudar a fazer a transição da vida profissional com doutorado para a maternidade, fez esta lista em uma tentativa de preservar o senso de humor.

Você sabe que é mãe quando...

- ❖ "Dormir até tarde" em uma manhã de sábado é acordar às sete horas!
- ❖ Levanta domingo de manhã às 5h30 e ainda chega atrasada à igreja!
- ❖ Conhece a localização de cada caixa de banco, de farmácia e de restaurante (assim você não precisa passar pela experiência rotineira de ir da cadeirinha do carro para o carrinho de bebê e do carrinho de bebê para a cadeirinha do carro em cada uma dessas missões)!
- ❖ Ir à mercearia é um animado passeio familiar!
- ❖ O planejamento do menu e das receitas são retirados do livro de culinária *20 minutos ou menos*!
- ❖ Você tem sua "hora de silêncio" com o Senhor durante a mamada das duas horas!
- ❖ Macarrão com queijo ou sanduíche de creme de amendoim com geleia tornam-se iguarias de seu almoço!
- ❖ Descobre que, de fato, pode falar ao telefone, dar a mamadeira para o bebê e brincar de carrinho com seu filho de até três anos ao mesmo tempo!
- ❖ Precisava de uma hora para se aprontar para sair e agora está empolgada porque tem dez minutos ininterruptos para pentear os cabelos e trocar de roupa!
- ❖ Ficar acordada até tarde significa ir dormir às 21 horas![50]

---

[50] ENNIS, Pat e TATLOCK, Lisa. *Designing a lifestyle that pleases God*. Chicago: Moody Publishers, 2004, p. 113-15.

Eu amo isso! A lista de Lisa ilustra a quantidade de tempo, esforço e amor envolvidos em cuidar de seus filhos. Se você fizer a sua própria lista "você sabe que é uma mãe quando", tenho certeza de que apontará para esse mesmo denominador comum: amamos nossos filhos cuidando deles. Esse é um emprego de tempo mais que integral... a começar pela comida! (Você reparou que cinco dos dez aspectos maternos de Lisa referem-se à comida?)

O que tem para o jantar?

Algumas pessoas dizem que amor se soletra deste modo: t-e-m-p-o, mas pode ser que só se soletre assim: c-o-m-i-d-a. Quantas vezes seus filhos de todas as idades (e o pai também!) a procuram para perguntar em qualquer vocabulário que tenham: "O que tem para o jantar? Que horas sai o jantar? O que vamos comer?". A hora da refeição é um fato da vida. Não importa quando você fez a última refeição, já está na hora da próxima! Sei, por ser mãe em uma família vicejante e em crescimento, que tive de enfrentar esse fato diário. Só porque eu não estava com fome, isso não significava que minhas pequenas não estivessem. E apenas porque eu estava atribulada e com pouco tempo de folga, isso não significava que a hora das refeições poderia ser atropelada.

Felizmente, a mãe de Provérbios 31 me mostrou como cuidar da necessidade de comida de minha família. Aprendi com ela que uma mãe "olha pelo governo de sua casa", inclusive o Departamento de Comida (v. 27). Ela também me ensinou que pôr a comida na frente de sua família com frequência significa que "quando ainda está escuro, ela se levanta, e dá mantimento à sua casa" (v. 15). Em outras palavras, a comida para minha família deve ser a primeira prioridade de cada dia, e eu preciso fazer tudo o que for necessário para conseguir, preparar e servir os alimentos de cada dia.

Quando comecei a utilizar tempo e esforço necessários para alimentar a minha família, descobri dois benefícios principais que causaram um grande impacto neles e em mim.

Comidas saudáveis – Primeiro, a nutrição é a chave para o crescimento e o desenvolvimento das crianças. Comecei a pensar como servir comidas saudáveis[51] para minhas filhinhas – uma comida que lhes fornecesse boa saúde. O corpo de todas as pessoas, até o da criança por nascer, viceja com nutrientes e minerais. Por isso é que nós mães assumimos outro papel e estudamos nutrição. Nós nos tornamos especialistas em o que é melhor para a saúde de nossa família e em como manter o peso ideal de cada pessoa.

> [...] dá-me só o pão que me é necessário.
> **Provérbios 30:8**[51]

O poder da energia – A seguir, energia. Você sabe que comer os alimentos certos traz energia rápida e sustentadora para todo o nosso sistema. A comida é o combustível propulsor do corpo. Vemos isso na história de Jônatas, filho do rei Saul (1Samuel 14:24-32). Saul deu uma ordem dura e impulsiva ao declarar que o povo sob seu comando não podia comer. É óbvio que quanto mais abdicavam da comida, tanto mais fracos e abatidos ficavam. Jônatas, contudo, que não sabia da ordem, tocou com a ponta de uma vara um favo de mel. E, quando provou o mel, seus olhos se aclararam, e ele se sentiu revigorado e cheio de energia. Infelizmente, a necessidade de comida do povo era tão grande, que comeram o que Deus proibira.

---

[51] Tiger's milk é uma barra nutricional que contém dezoito vitaminas e minerais e onze gramas de proteína.

Nós, as mães com o coração para fazer o que é certo para a nossa família, alimentamos nossos queridos com as coisas certas e a intervalos regulares. Isso ajuda a manter os níveis de açúcar e de proteína no sangue, produzindo um alto grau de energia sustentadora... não importa quão grande ou pequena seja a pessoa.

À medida que cresci como mãe, o SCA – Suave Cuidado Amoroso – adquiriu um novo significado. Trabalhei para aprender o que era necessário para abastecer para minha família. Aprendi a planejar com antecedência as refeições e os lanches. Aprendi a fazer um menu semanal todo domingo à tarde.

> [...] o pão nosso de cada dia nos dá hoje.
> Mateus 6:11

Aprendi a fazer uma agenda diária que incluía todas as horas das refeições e dos lanches. E aprendi a apoiar esse horário para preparar as refeições a tempo.

O que você está fazendo nessa área vital? Sei que está ocupada. Sei que há uma nuvem de poeira atrás de seu carro quando corre daqui para lá para realizar todas as suas responsabilidades. Ao escrever, contudo, o que serviu para sua ninhada nos últimos sete dias, o que isso revela para você? Nosso objetivo, como mães, é nos certificarmos que os membros de nossa família não sejam privados da comida, da nutrição, da saúde e da energia que precisam para lidar com a vida diária a fim de prevenir colapsos, bem como para que permaneçam felizes.

E não esqueça de balancear nutricionalmente as comidas corretas com as favoritas da família. Você sabe os três pratos favoritos de cada filho? E os tem à mão para ocasiões especiais? (E por que razão penso em pizza?!)

E outro lembrete: comam juntos! Esse é o segredo para a alimentação em qualquer família. Recentemente, li uma lista com cinquenta maneiras de amar seus filhos e uma delas era "fazer as refeições juntos". Esse item era seguido de 25 maneiras para agradar à sua família, e uma delas era "jantar juntos em família por sete dias consecutivos". [52]

Estou seguro hoje?

Você se surpreende ao saber que das doze coisas com as quais as crianças de todas as idades se preocupam todos os dias, esta preocupação "Estou seguro hoje?", é a que mais está próxima do topo da lista?[53] Eu fiquei! Quando pesquisei, contudo, a mulher de Provérbios 31 para meu livro *Bela aos olhos de Deus*,[54] descobri que muitas das imagens descritivas de Hebreus a respeito dos cuidados dela com a sua família a retratam como uma leoa que se inclina e vigia os filhotes. Ela não apenas alimenta seus bebês, mas também os protege... ferozmente! Levemos essa imagem para nossa família. Como podemos proteger ferozmente nossos filhotes? Em casa, eles precisam da...

Proteção contra os irmãos – A casa é um abrigo para todos os membros da família. Ensine a seus filhos que o lar é onde reina a paz. Com certeza, você pode divertir-se e se entregar à algazarra amigável. E o riso alegre é a regra do dia. Não deixe, contudo, as coisas saírem de controle. E assegure-se de que seus filhos não machuquem, nem atormentem ou ameacem seus irmãos.

---

[52] GRAY, Alice, STEPHENS, Steve e DIEST, John Van. *Lists to live by for every caring family*. Sisters, OR: Multnomah Publishers, 2001, p. 96 e 110.

[53] Ibid. p. 19.

[54] GEORGE, Elizabeth. *Bela aos olhos de Deus*, Editora Hagnos, 2004.

Proteção contra os acidentes – Faça o melhor que puder para estabelecer e reforçar as práticas de segurança. É um trabalho contínuo, mas ensine seus filhos a guardar os brinquedos, tanto fora quanto dentro de casa, para prevenir acidentes e ossos fraturados. Conserte os fios elétricos em más condições e cubra as tomadas vazias. Feche gavetas e armários com trincos de segurança à prova de crianças para proteger seus preciosos objetos dos pequenos curiosos e alegres bisbilhoteiros. Estabeleça regras – com consequências para quem as violar – quanto ao sair para a rua, andar de bicicleta sem capacete e assim por diante. Tenha uma política de: "Afivelem todos!", o cinto de segurança.

Proteção contra os incidentes – Seus filhos sabem os nomes dos pais, o endereço, o número do telefone e o que fazer caso se percam? (Nossa neta, Taylor, quando era ainda bebê, vivendo em Nova York, aprendeu essa informação com o hino "Jesus Loves Me" [Jesus me ama] e com a música do alfabeto. Esse aprendizado é uma necessidade!) Seus filhos sabem discar para o número 190 para pedir ajuda? Eles sabem o que fazer, dizer ou não dizer, quando são abordados por estranhos?

> [...] livra-nos do mal.
> Mateus 6:13

Proteção por intermédio da educação – Muita da proteção de nossos filhos é alcançada pela instrução constante. Outras de nossas designações como mães é instruir cada filho sobre os perigos de estarem nos lugares errados ou com as pessoas erradas, sobre falar com estranhos, e sobre pureza sexual.

Na primeira vez que li o livro de Provérbios, mal pude acreditar: o escritor desse livro de sabedoria – um pai – falou "meu filho", pelo menos, 22 vezes! Seus conselhos dão instruções detalhadas de "como fazer" e o que "não fazer", as mesmas que devemos dar a nossos filhos para protegê-los. Esse pai veemente suplicava: "Filho meu, se os pecadores te quiserem seduzir, não consintas". "Filho meu, [...] porque os lábios da mulher licenciosa destilam mel [...]. Agora, pois, filhos, dai-me ouvidos [...]. Afasta para longe dela o teu caminho, e não te aproximes da porta da sua casa". "Filho meu, guarda as minhas palavras, [...] para te guardarem da mulher alheia [...]. Agora, pois, filhos, ouvi-me [...]. Não se desvie para os seus caminhos o teu coração".[55]

Aprendemos valiosas lições sobre a maternidade desse pai preocupado, e escritor de sabedorias bíblicas. Sua instrução para seu filho e para as crianças foram:

> Do coração,
> Na medida certa e
> Cheias de precisão.

Ele deu detalhes explícitos e instruções claras. Esse pai queria que o filho soubesse *exatamente* como uma prostituta ou uma mulher perdida se vestia, falava e agia. E ele queria que o filho soubesse *exatamente* o que acontece com quem cai em seu feitiço. E ele queria que o filho soubesse *exatamente* o que fazer para evitar a tentação e a destruição.

Proteção contra a internet – Essa nova frente requer a proteção dos pais. Nossos filhos precisam de sérias instruções e nosso envolvimento nesse assunto. Ainda me angustio com a mãe cujo filho pequeno viu pornografia em uma conexão educativa da *internet* na escola. Parece que outro estudante do segundo ano do ensino fundamental queria mostrar para todos o que ele conseguia fazer *on-line*. A linha de fundo é:

---
[55] Veja Provérbios 1:10-19; 5:1-11; 7:1-27.

não podemos pensar que isso não pode acontecer com os nossos filhos. Isso pode acontecer até mesmo em nossa própria casa! Precisamos, portanto, ativamente, fazer a nossa parte e tomar as precauções devidas. O que podemos fazer? Comprar um programa de computador que restrinja o acesso a *sites* de risco e os infiltradores duvidosos. Construa um grande e denso muro de proteção de pais com restrições múltiplas, bloqueios, senhas e filtros. Faça uma regra de que um dos pais tem de estar presente quando qualquer criança em idade escolar quiser usar a internet. Conserve o computador na sala da família em que podemos monitorar a atividade. Limite a quantidade de minutos e estabeleça um horário de término para o tempo *on-line* de cada membro da família. Verifique com regularidade a lista de nomes dos *sites* que seus filhos visitam.

> Não porei coisa torpe diante dos meus olhos.
> Salmos 101:3

Proteção contra a televisão – A televisão pode se tornar outro violador da saúde mental e da pureza moral de nossos filhos. Mais uma vez, portanto, vamos à batalha. Bloqueie os canais que são questionáveis. Permaneça firme contra a tendência de colocar televisão no quarto de cada uma das crianças; faça com que todos assistam televisão na sala com toda a família. Podemos, também, estabelecer limites para o tempo de televisão e programas.

> Que os olhinhos sejam cuidadosos com o que vêem; que as orelhinhas sejam cuidadosas com o que ouvem.

Recentemente, ouvi um CD gravado por um pai que limitou o tempo de televisão de seus filhos a uma hora por semana. Ele senta com os filhos enquanto assistem ao que eles escolheram, obviamente com a aprovação do pai. Depois, eles reforçam essa atividade, ao conversar sobre o programa. Ele acaba sua história dizendo que seus filhos, hoje, já adultos, raramente assistem à TV. Durante os anos de tempo limitado para televisão, eles aprenderam a ocupar as mentes e o tempo com atividades bem mais interessantes.

Proteção contra o sexo oposto – Você percebeu neste capítulo a progressão de comida diária e segurança em casa para o mais importante – sexo? A constante vigilância sobre o seu rebanho estende-se muito além do colocar comida na mesa. Sim, nós, mães, cuidamos do bem-estar físico de nossos filhos, mas também mantemos um olho em seu bem-estar sexual e moral. Nenhuma cicatriz é tão profunda e tão permanente quanto a perda da pureza sexual.

> **Fugi da prostituição... e... glorificai pois a Deus no vosso corpo.**
> **1Coríntios 6:18,20**

Vários de nossos tópicos já chamaram atenção para essa grande área da vida de nossos filhos, uma área que requer um grande envolvimento conjunto dos pais. Não devemos nunca esquecer que estamos em uma batalha pela pureza de nossos filhos. É verdade, vivemos no mundo, mas não precisamos sucumbir aos seus engodos, tentações e falta de padrões.

Como membro da brigada de mães de Deus, estabeleça os mais altos padrões para seus filhos. (Quero dizer, tão altos quanto os céus! Tão alto quanto a Palavra de Deus!). Trabalhe implacavelmente para transmitir esses padrões de maneira clara. Reforce-os de maneira firme e mantenha cada uma de suas linhas e todas elas. Se há um ponto em que você deve ser rigorosa, veemente e feroz, é esse. Seus filhos devem saber que sua pureza é 100% importante para Deus, 100% importante para você e que também deveria ser 100% importante para eles.

Mãe, minha companheira, compartilhe seu coração com sinceridade. Não tema ser vista como severa, ou puritana, ou fora de moda. Você pode agüentar isso! Independentemente do que aconteça, você ficará feliz em saber que fez tudo o que podia. Você falou e se importou.

Conserve seus filhos em crescimento na Bíblia e continue fazendo devocionais em casa. Leve-os à igreja. Ajude-os a desenvolver relacionamentos com crentes firmes na fé, com crianças de sua faixa etária, com mentores e jovens líderes da igreja. Fale aberta e regularmente sobre os detalhes da vida diária deles, sobre seus padrões e seus relacionamentos. Deixe-os saber que você os ama e se preocupa com eles. E, acima de tudo, permaneça em oração!

Por que tenho de descansar?

Você gostaria que alguém a fizesse tirar um cochilo? Embora tenhamos a tendência a trabalhar no modelo falta de sono, cada um dos nossos pequenos precisa descansar, apesar de constantemente perguntarem: "Por que tenho de descansar?". Todos ficam cansados, derrubados e estressados. E se não tiverem um tempo de descanso, prepare-se para um colapso total! A falta de dormir impede o descanso necessário para a saúde, para as competições esportivas, para a energia, para os pensamentos claros. Mesmo Jesus, em Sua humanidade, ficou cansado (veja João 4:6). Ele também entendia que Seus discípulos precisavam de descanso e iniciou um tempo de socorro e recuperação para eles (Marcos 6:31).

Nós, portanto, como Jesus, cuidamos do descanso necessário para nossos "discípulos" em casa. Para o bebê, o descanso é essencial para o crescimento e desenvolvimento. Isso quer dizer que nós, mães, devemos estabelecer horários baseados no fator tempo necessário para dormir. Para os pré-escolares, isso é um verdadeiro cabo-de-guerra! Quer dizer, precisamos ser a chefe, impor-nos e nos assegurar que, quer durmam quer não durante a hora do cochilo, pelo menos, eles descansaram um pouco e tiveram um tempo de calma. Para os membros da família em idade escolar, o descanso adequado vem do costume saudável de colocá-los cedo na cama.

Para os filhos mais velhos, com lição de casa, compromissos e empregos – e, é claro, pencas de amigos! – definitivamente entramos em um cenário totalmente novo. No caso deles, ficamos atentas e vigiamos o que os mantêm acordados à noite. (Lembre-se da mulher em Provérbios 31 que zela por sua casa. Essa é você, mãe!) O que – e quem – são os culpados? Telefonemas? A *internet, e-mails*, conversas *on-line* com amigos? Programas de televisão? Cafeína? Açúcar? Por causa de todos os filhos, em especial de seus adolescentes, seja firme. Estabeleça regras para a casa. Trabalhe para eliminar ou cortar tudo o que estiver interferindo com fazer a lição de casa e ir para a cama cedo.

— Resposta do coração —

Obviamente, há mais – muito mais! – para cuidar em seus filhos do que essas poucas páginas me permitem destacar. E trataremos de mais coisas na seção "Pequenas escolhas" a seguir. Nesta seção, contudo, lidamos com o coração de Mãe segundo o coração de Deus. É verdade, podemos não ficar muito animadas com dirigir nossa casa com um horário, ou em preparar outra refeição, ou em lavar outra carga de roupa, ou em fazer a tarefa de ronda de pais. O coração cheio de amor maternal, no entanto, faz tudo isso.

E se você é uma mãe que trabalha fora de casa? Cuidar de seus filhos é exatamente tão importante, mas até mais difícil. E você sabe por que, não sabe? Porque você não está com seus filhos tanto quanto gostaria, e eles estão sob os cuidados de outras pessoas parte do tempo. Algumas pessoas que cuidam de crianças podem ter as mesmas convicções e padrões que você, mas, infelizmente, outras podem não ter. Isso significa que você deve redobrar seus esforços quando está com seus filhos para assegurar que quando estão longe de você, eles ainda conservem seus padrões, que são os padrões de Deus.

E o que fazer se seus filhos mais velhos ficam em casa sozinhos por um tempo até que você ou seu marido cheguem? De novo, você realmente precisa imprimir neles quais são os limites e os padrões da casa – e quais as consequências para quem não segue as regras da casa.

Querida mãe, sei que os assuntos cobertos por este capítulo também são as preocupações que estão em seu coração. Minha intenção é desempenhar um pouco o papel que o apóstolo Pedro teve em suas cartas. Ele se considerou como um *admoestador*. Ele disse a seus leitores que estaria "[...] sempre pronto para vos lembrar estas coisas, ainda que as saibais, e estejais confirmados na verdade que já está convosco". Ele desejava "[...] despertar-vos com admoestações" (2Pe 1:12,13).

Não estou, de maneira alguma, sugerindo que você não está fazendo o seu melhor. O que faço é lembrá-la (e a mim também!) do privilegiado chamado de Deus para cuidar de nossos filhos... da melhor maneira que você souber, com tanto fervor quanto puder ganhar do Senhor, por tanto tempo quanto você puder.

Do coração de um pai

Olá! Aposto que já lhe perguntaram centenas de vezes: "Quantos filhos você tem?". Você pensa um minuto e responde com tom de gracejo: "Tenho três filhos. Dois meninos, com seis e dez anos, e um com 35 anos". Às vezes, isso é meia verdade. Não sei o que acontece conosco, os homens, quando se trata de nossa família. Somos dínamos no trabalho. Podemos manter três secretárias ocupadas durante todo o dia, orientar dez homens em um local de construção, arranjar serviço para os outros durante todo o dia e durante a noite... Quando se trata, contudo, de nossos filhos, podemos ser incompetentes!

Como alguém que cresceu em uma casa com um pai muito trabalhador, não-crente, e que não fornecia um bom modelo no quesito Departamento de Atenção, deixe-me apresentar-lhe algumas sugestões de como ajudar seu marido nessa área.

1. Considere-se uma pessoa abençoada por Deus se tiver um marido que, de qualquer modo, a ajuda a cuidar dos filhos. Ele é um espécime raro! Certifique-se de lhe agradecer.

2. Se seu marido não for tão preocupado quanto você, não veja isso como uma falha de caráter. Veja isso mais como uma falha educacional. Elizabeth me encorajou firmemente a ser um pai mais atencioso. Como? Veja #4.

3. Certifique-se de que faz tudo que *você* pode para cuidar de seus filhos nas áreas sob o seu comando: nutrição, segurança, higiene, maneiras, repouso, jogos, horário diário de televisão, apenas para citar algumas.

4. Uma vez que tenha avaliado seu coração e o grau de seu comprometimento com a tarefa, sente-se com o pai. Compartilhe suas preocupações com as crianças. Pergunte-lhe o que você, ele ou vocês dois podem fazer em relação a suas preocupações. Peça-lhe que dê sua maneira de ver e sugestões. O que ele acha que precisa ser feito, o que não precisa ser feito, o que precisa melhorar?

5. Muitas áreas dos cuidados com os filhos são de sua responsabilidade. É importante, portanto, que você tenha um registro de quão bem está se saindo. Quem melhor para avaliar isso que o marido e o pai das crianças? Ele a vê diariamente. Peça a avaliação dele. E não reaja se ele fizer um pouco de crítica construtiva. Responda de maneira positiva. Agradeça-lhe por suas observações e sugestões. Depois, vá a Deus e, com devoção, avalie os comentários dele. Receba-os como vindos do Senhor e aja sobre eles. Depois, posteriormente, peça outro relatório dos progressos!

6. Recrute e encoraje o apoio e a liderança de seu marido, em especial quando as crianças ficam um pouco mais velhas. Deixe que ele tome decisões em relação aos amigos de escola, ao currículo escolar, aos relacionamentos com o outro sexo, aos padrões de encontros, à hora de chegar em casa, às regras da casa.

7. Peça a seu marido que leia Jó 1:4,5 com você. Jó se preocupava com a condição espiritual de seus filhos adultos. Ele orou e ofereceu sacrifícios por eles apenas para o caso de terem ofendido a Deus. Esse é o modelo de cuidado e de preocupação diária que Deus pede que você e seu marido tenham. Façam juntos uma aliança para orar por seus filhos, quer eles tenham um ano quer tenham 21 anos. Deus vê seu cuidado começar quando os filhos são concebidos, e Ele deseja que você continue cuidando por tanto tempo quanto possa, mesmo se for apenas para orar pelos filhos que já saíram há muito tempo de casa.

Pequenas escolhas que trazem grandes bênçãos

1. Estude muito sobre dieta e nutrição.

(Não falo de dieta para emagrecer... a menos que alguém precise!) Dieta significa "maneira de viver". Toda mãe, inclusive você, sempre pode aprender mais sobre dieta e nutrição. Afinal de contas, você é a chefe desse departamento. PROCURE, portanto, *on-line* ou na livraria e estude muito sobre o assunto. Descubra como melhorar a saúde de seus queridos.

2. Jantem juntos esta noite.

Se for possível reúna todos – no mesmo horário. (Isso pode ser considerado um milagre!) O que você servirá? O que comerão? E onde? Como você pode animar um pouco a mesa? O que você pode fazer para tornar a refeição especial, caprichada, alegre, um momento para compartilhar? Depois, trabalhe na sugestão deste capítulo – planeje jantarem juntos durante sete dias consecutivos.

3. Alguém faz ginástica?

A aula de educação física sempre é uma quebra bem-vinda em um longo dia escolar, não é? Enfoque, portanto, as atividades físicas para seus filhos agitados – ou sedentários. Mantenha as crianças ativas fisicamente. O que elas podem fazer do lado de fora? Há um parque por perto? Uma pista para caminhadas? Um irrigador por aspersão para dias quentes de verão? Seja criativa. Certifique-se de que seus filhos façam muito exercício. E, surpreendente, se a televisão estiver desligada, as crianças sempre encontram algo para fazer e, em geral, terminam do lado de fora... jogando e brincando. O esforço melhora a saúde, ajuda a evitar o ganho de peso e queima o excesso de energia de seus filhos.

4. Limite o horário de televisão.

Não há dúvida de que a televisão pode ajudar as mães em momentos de grande algazarra – você sabe, entre as quatro e cinco da tarde. Apenas hoje, contudo, estabeleça um limite de tempo para a televisão ficar ligada e o horário em que eles poderão assistir televisão.

Depois de alguns dias de limitação para assistir televisão, o período de intervalo, esboce um plano praticável para a família. Quais são os melhores programas para seus filhos assistirem? E quais estão absolutamente fora de cogitação? Qual o programa favorito de cada criança? Quantos minutos diários as crianças podem assistir televisão? E pense sobre isto: li a respeito de uma família que selecionou três noites por semana em que não podiam ligar a televisão.

E não esqueça de levar avante algo muito importante: descubra como bloquear ou remover certos canais de sua televisão. Você não sabe onde estão eles? Isso está disponível *on-line* por intermédio do provedor de sua televisão a cabo.

5. Estabeleça uma rotina diária.

Todos – inclusive as mães – são mais produtivos e se sentem melhor em relação a sua vida quando têm uma rotina diária consistente. Isso se chama "planejamento horizontal" – procurar fazer a mesma coisa à mesma hora todos os dias.

As crianças também apresentam melhor desempenho com a rotina. Elas vicejam sabendo o que vem a seguir, o que esperar. Isso lhes dá segurança e um senso de ordem. Estabeleça um horário para sua família de segunda a sexta-feira. (Sábado e domingo sempre são outra história!) Haverá menos tensão e confusão, e as atitudes e a produtividade melhorarão tanto na escola quanto em casa.

6. Verifique duas vezes as razões por trás do mau comportamento.

As crianças estão irritadiças, fazendo um drama, respondendo e precisando de disciplina extra? Elas estão consumindo os valores nutricionais básicos, fazendo refeições nos horários estipulados, bem como dormindo e descansando de maneira adequada? Examine o que não está funcionando em casa para ter certeza de que está fazendo tudo que pode para suprir as necessidades delas.

7. Foque alguma diversão.

De onde vem a alegria da família? Do coração de uma mãe alegre. Este livro é sobre as maneiras de amar a seus filhos. Não esqueça de planejar, todos os dias, algum tempo de diversão com eles.

8. Desfrute Provérbios 31:10-31.

Planeje uma parada especial em sua correria de afazeres maternais, prepare seu suco preferido, enrole-se e leia esse poema do começo ao fim. Observe as maneiras como essa mãe, exatamente como você, cuida de seus filhos. Você ficará encorajada em seu papel de ser Mãe segundo o coração de Deus.

7

Leve seus filhos
à igreja

Deixai vir a mim as crianças, e não as impeçais.
Marcos 10:14

Coisas boas acontecem à família que vai à igreja – coisas boas que pagam dividendos por gerações e gerações. Você acredita nisso? É difícil imaginar – e entender – que frequentar a igreja pode significar sabedoria eterna. Os domingos são apenas pequenas porções de tempo a cada semana, contudo, essa pequena prática, com o tempo, vagarosa e constantemente, grava de fato algo sobrenatural na alma. Cedo ou tarde, isso faz a diferença na vida, no coração e na família.

Sei que isso, com certeza, foi verdade para nossa família. E tudo começou com pais fiéis que levaram Jim e eu à igreja quando estávamos crescendo. Apenas compartilhei nossas histórias para mostrar como essa atividade da parte de nossos pais rende altos dividendos – isto é, dividendos eternos – na vida de cada um de nós, anos e anos de descendência, estendendo-se agora para mais duas gerações.

Uma pequena menina

No meu caso, meus pais levavam-me e a meus três irmãos à igreja todos os domingos. Não lembro de não gostar de ir ou de não querer ir. Quer dizer, aquele era *algum lugar* para o qual eu devia ir! E sempre tinha apelo para uma criança, mesmo (e talvez em especial!) para uma adolescente. Para mim, pessoalmente, nunca ia o suficiente à igreja. Eu amava meus professores de lá, e meus líderes jovens que vieram depois. Gostei de participar de todas as atividades e reuniões, inclusive do coral de jovens. O maior e o melhor! E, durante o ano todo, esperava o acampamento de verão da igreja.

> **Por favor, leve-me à Escola Dominical e à igreja regularmente... gosto de aprender mais sobre Deus.** [57]

O coração da criança é sensível e receptivo às verdades e às experiências espirituais, e o meu não era diferente. Quando eu era menina, com vestido de anágua, sapato de couro preto e cabelos ondulados, bem limpos e com fitas, esperava sentar à volta das pequenas mesas baixas com cadeiras para crianças e ouvir outra história sobre Jesus, seguida de atividades e de projetos,

---

[56] *A child's ten commandments to parents*, pelo dr. Kevin LEMAN, de *Getting the best out of your kids*. Eugene, OR: Harvest House Publishers, 1992. Citado em Alice GRAY, Steve STEPHENS, e John VAN DIEST. *Lists to live by for every caring family*. Sisters, OR: Multnomah Publishers, 2001, p. 130.

como colorir papéis de lições e os cantos da sala de aula. Eu amava aprender sobre Deus, Jesus e os heróis, como Josué e as muralhas que caíam! E Davi (que matou o horrível gigante com uma simples pedra em sua funda, uma espécie de estilingue!). Ainda me lembro de minha adolescência e de como gostava de orar. Eu ficava em meu quarto e escrevia em meu diário sobre o meu amor por Deus. Eu escrevia por extenso minhas orações. E gostava muito de participar de todas as atividades do grupo de minha faixa etária, em que havia pessoas atenciosas, e amizades surgiam nesses pequenos grupos.

Como você observará em um segundo, não me tornei cristã durante esses anos em que fui à igreja. Graças a Deus, contudo, as sementes foram semeadas e regadas.

Um pequeno menino

Jim também cresceu indo à igreja diversas vezes por semana. Como ele já disse, em sua família apenas ele (filho único) e sua mãe (uma verdadeira mãe segundo o coração de Deus!) iam à igreja. Jim, como todo menino pequeno, mal podia esperar para sair de casa e ir a algum lugar – qualquer lugar! Seus professores da Escola Dominical eram como se fossem membros de sua família. E, na igreja, ele participou de um clube de Bíblia em que memorizou seiscentos versículos bíblicos e conquistou o maior prêmio possível. (Isso sempre é bom para qualquer criança. Apenas pense nas lições aprendidas. A disciplina. A sensação da façanha. E a inestimável, eterna, viva Palavra de Deus em um jovem coração sensível!)

A diferença que a igreja pode fazer

Devo contar-lhe que quando Jim e eu deixamos nossas casas da infância para ir para a faculdade, nenhum de nós continuou a frequentar a igreja. E quando nos conhecemos no *campus*, nós nos apaixonamos e casamos, Jim era cristão, e eu não.

Como uma nova unidade familiar, pensamos: *Esse é um bom momento para começar a ir à igreja de novo!*. Fomos à igreja, portanto, [...] exatamente duas vezes – os dois primeiros domingos depois de nosso casamento. Fomos uma vez à igreja da denominação de Jim na infância e uma à minha. Como não conseguimos concordar em qual deveríamos ir, não fomos mais a nenhuma igreja...

... até que nossas filhas tivessem um e dois anos. E, assim, porque a igreja fora parte da infância de Jim e da minha, queríamos proporcionar a mesma experiência para nossas pequenas. (Você entende, *elas* precisavam disso, certo?) Começamos, portanto, a levar Katherine e Courtney à igreja. Foi quase uma aventura quando pegamos várias vezes a agenda telefônica e selecionamos igrejas para visitar... até que encontramos uma de que todos nós gostamos.

Oh, querida leitora amiga! Não há espaço para compartilhar os detalhes. Seria uma tentativa muito pobre procurar descrever como, pela graça transformadora de Deus, aquela "pequena escolha" de ir à igreja encaminhou nossa família. Por favor, deixe-me, contudo, apenas afirmar isto: Deus usou para nós dois, Jim e eu, a dedicação de nossos pais em levar-nos à igreja... para nos fazer querer ir à igreja... para nos fazer querer levar nossas filhas à igreja... na qual me tornei cristã e Jim renovou o seu compromisso com Cristo.

> **Colocar Deus em primeiro lugar proporciona um poderoso exemplo para os seus filhos.**

E, depois, o que aconteceu? Você pode adivinhar! Nossas pequenas, a tempo, se tornaram crentes em Cristo... e agora elas levam *seus* pequenos à igreja.

Jesus e a igreja

De acordo com a Bíblia, nosso Salvador foi levado à igreja (por assim dizer) por Maria e José, pais justos que procuravam guardar a lei de Deus. Em Lucas 2:41,42, aprendemos que os pais de Jesus "[...] iam todos os anos a Jerusalém, à festa da páscoa. Quando Jesus completou doze anos, subiram eles segundo o costume da festa".

Jesus, é claro, era a plenitude de Deus e o Filho perfeito de Deus, portanto, nosso foco neste momento não é Ele, mas Seus pais. A Bíblia diz que "[...] seus pais iam todos os anos a Jerusalém, à festa da páscoa" (v. 41). Observe aqui a fidelidade *deles* em levar seu filho – embora este fosse "santo" (Lucas 1:35) – para adorar em Jerusalém. Por que eles se preocupavam em fazer a extenuante jornada de Nazaré até Jerusalém para assistir à Páscoa? Graças ao compromisso deles com Deus e porque essa era a coisa certa a fazer.

O Salvador cresceu em uma casa na qual a Lei de Deus era obedecida e na qual os festivais anuais prescritos foram fielmente observados. Na família e na cultura de Jesus, as famílias adoravam juntas. Não existia essa coisa de deixar seu filho na igreja e ir fazer compras, ou sair para tomar o café da manhã em algum lugar especial. Não, os pais levavam os filhos para adorar com eles.

Por que a igreja é tão importante?

Nós, os crentes do Novo Testamento, não estamos presos à Lei do Antigo Testamento. O tipo de amor por Deus, entretanto, que José e Maria tinham como homem e mulher, como casal e como pais segundo o coração de Deus também arde em nosso coração. E um amor desse tipo pelo Senhor nos leva a seguir Suas instruções (veja João 14:15). A Bíblia nos impulsiona a que "[...] consideremo-nos uns os outros, para nos estimularmos ao amor e às boas obras, não abandonando a nossa congregação, como é costume de alguns, antes admoestando-nos uns aos outros; e tanto mais, quanto vedes que se vai aproximando aquele dia [da reunião dos eleitos de Cristo em Sua vinda][57]" (Hebreus 10:24,25).

O que há de tão importante na reunião com os outros cristãos da igreja? Isso nos fortalece graças à mesma fé dos presentes. Quando entramos na igreja e nos afastamos do mundo para nos reunirmos com outros crentes, nós crescemos em nossa fé em Cristo e em nossa confiança em Deus. Somos animados e impulsionados em nossa cristandade. Recebemos encorajamento e conselhos dos outros e, da mesma maneira, os fortalecemos.

> Não há nada mais não-cristão que um cristão solitário.
> João Wesley

Comecei este capítulo com a afirmação de que "Coisas boas acontecem à *família* que vai à igreja". Mãe, contudo, coisas boas também acontecem com *você*. Por exemplo, ir à igreja...

> é uma oportunidade de ouvir o coração,
> a mente e a voz de seu pastor
> (Colossenses 4:16).

> é um momento de unir seu coração ao de outras
> pessoas em adoração conjunta
> (1Timóteo 2:8-12).

> é um momento para misturar sua voz às outras
> em louvor a Deus
> (Mateus 26:30; Efésios 5:19).

---

[57] JAMIESON, Robert, FAUSSET, A. R. e BROWN, David. *Commentary on the whole Bible*. Grand Rapids, MI: Zondervan Publishing House, 1971, p. 1429.

é um momento para se dar
em sacrifício ao Senhor
(1Coríntios 16:2).

é uma oportunidade para compartilhar
experiências com os jovens e os idosos
(Atos 2:42). [58]

Nenhuma igreja é perfeita e ir à igreja não a torna cristã. Como já disse, contudo, essa é uma experiência sobrenatural e as coisas boas acontecerão por causa de sua obediência.

Jesus na infância

Jesus, o menino, cresceu para ser revelado e reconhecido como Jesus, o Salvador. E Ele também falou da importância de as crianças serem apresentadas a Ele, a Sua vida e aos Seus ensinamentos. Em uma cena da Bíblia, vemos pais ansiosos para trazer seus pequenos a Jesus. Observe o que aconteceu em Marcos 10:13-16:

Então lhe traziam algumas crianças para que as
tocasse; mas os discípulos o repreenderam.
Jesus, porém, vendo isto, indignou-se e disse-lhes:
Deixai vir a mim as crianças, e não as impeçais,
porque de tais é o reino de Deus.
Em verdade vos digo que qualquer que não
receber o reino de Deus como criança, de maneira
nenhuma entrará nele.
E, tomando-as nos seus braços, as abençoou,
pondo as mãos sobre elas.

---

[58] Esboçado de MAYHUE, Richard. *Seeking God*. Fearn, Great Britain: Christian Focus Publications, 2000, p. 148.

Você deve perguntar-se por que Jesus repreendeu seus discípulos que pensaram que o melhor seria proteger o seu Mestre de aborrecimentos e interrupções? Porque eles pensaram erroneamente que bebês e crianças eram incapazes de receber qualquer coisa de Jesus. Eles, contudo, estavam errados. Jesus, apesar de segurar e de abençoar as crianças e os bebês, os usou como exortação para os presentes para que recebessem o Reino de Deus com a confiança das crianças.

Há mais alguma coisa nessa doce cena: uma forte admoestação também para os pais. "As palavras de Jesus confrontam vigorosamente os pais e todos que têm contato com crianças: estamos ajudando ou evitando que as crianças venham a Cristo? Estamos, nós mesmos, recebendo o Reino de Deus com a confiança das crianças?"[59]

Você é mãe? Você está ajudando seus filhos a conhecerem Cristo? Você os leva regularmente à igreja? Fielmente? Quero mostrar o resultado do levantamento do dr. George Barna: "É muito mais provável que as pessoas aceitem Cristo como seu Salvador quando são jovens. De maneira típica, a absorção de princípios e informações bíblicas atingem o seu máximo durante os anos da pré-adolescência". [60]

Mas, e se...?

E de novo chegou a hora do "mas, e se...?". De maneira surpreendente, uma pequena coisa como ir à igreja pode se tornar uma grande questão!

---

[59] BARTON, Bruce B. *Life application Bible commentary – Mark*. Wheaton, IL: Tyndale House Publishers, Inc., 1994, p. 285.
[60] Resultado do levantamento de BARNA, George. *Transforming children into spiritual champions*. Ventura, CA: Regal Books Gospel Light, 2003, p. 41.

E se... meus filhos não quiserem ir à igreja? Primeiro de tudo, ore! Depois, fique firme. Você é a adulta, a mãe, aquela a quem Deus deu autoridade para instruir os filhos para a vida e para Ele. Você está no comando. Li um livro que apresentava uma seção que incluía "o princípio da inflexibilidade na paternidade". [61] Gostei disso. Você não é a melhor amiga ou uma companheira para seus filhos. Há lugar para isso, mas, em primeiro lugar, você é mãe deles. Tome as decisões, faça as regras e permaneça na linha. E se você decidir (claro que de comum acordo com seu marido) que sua família deve ir à igreja, então sua família irá à igreja.

E se... meus filhos já mais velhos, pois sou uma nova convertida, não quiserem ir à igreja? De novo, ore! Depois, conte para sua família o que aconteceu com você, sobre quem é Jesus e o que Ele fez por você. Deixe-os saber que ir à igreja beneficiará a todos, inclusive a eles, que isso será o elemento que falta a sua família e que você sente muito se decidirem que não querem ir à igreja. Peça-lhes para ir com você para ver o que acontece. E continue orando!

E se... meus filhos, por causa do divórcio, estão com o outro cônjuge nos fins de semana e não vão à igreja? Dessa vez, ore, ore e *ore!* O tempo que você tem com seus filhos é crucial. Reserve um tempo para cultivar seu coração e o deles, ensine-lhes a Palavra de Deus, converse com eles sobre Deus, conte-lhes sobre Jesus, instrua-os nos caminhos de Deus. Certifique-se de preparar seus filhos para cada período de tempo em que estarão afastados de você. Você deve fazer sua parte, e, depois, confie no Senhor que intercederá por eles. Ele conhece a sua situação. Ele conhece a situação

---

[61] WHITE, Joe, WEIDMANN, Jim. *Spiritual mentoring of teens*. Wheaton, IL: Tyndale House Publishers, 2001, p. 49.

de seus filhos quando estão longe de você. E prepare-se para recebê-los de volta... e continuar a instrução amorosa e cristã.

— Resposta do coração —

"Leve-os à igreja". Essa decisão garante frutos positivos em todo o tempo de vida de nossos filhos (e, se o Senhor assim desejar, para toda a eternidade!), bem como no coração e na vida deles. Quando estivermos prestes a abandonar esse compromisso que é o menor e o mais fácil de todos – o de apenas levar nossos filhos à igreja – devemos examinar nosso coração de mãe.

- ❖ Como está meu comparecimento e zelo? – Ir à igreja não é a pior coisa que você tem de fazer, mas a melhor. É seu maior privilégio e algo pelo qual deve esperar durante toda a semana. O salmista declarou: "Alegrei-me quando me disseram: Vamos à casa do Senhor" (Salmos 122:1). Esse é o sentimento de seu coração?

- ❖ Com que regularidade meus filhos têm ido à igreja? – Conta-se a história que perto de uma igreja, em Kansas, há a pegada de dois pés de bebê, cujos dedos apontam em direção à igreja, impressas para sempre no cimento da calçada. Diz-se que isso aconteceu muitos anos atrás, quando a calçada estava sendo feita, e a Mãe segundo o coração de Deus queria que seu bebê começasse da maneira certa e deu permissão para que ele ficasse em pé no cimento úmido. As pegadas são perfeitamente visíveis hoje.[62] Em que direção apontam os pés de seus filhos?

❖ O que está impedindo meus filhos de irem à igreja? – Será que minha negligência tem a ver com o tempo e o esforço para deixar a família vestida, alimentada e pronta para sair um *sexto* dia na semana? São as noites de sábado? Sua família tem outros compromissos para o Dia do Senhor? Que parte dessas dificuldades acontece por sua causa?

❖ Estou expondo meus filhos ao mínimo ou ao máximo à igreja? – Há igreja... e, depois, há *igreja!* Por exemplo, em vez de um culto para seus filhos, a maioria das igrejas tem dois cultos de ensino e atividades para as crianças. Graças ao fato de que você se dá ao trabalho de arrumar as crianças e levá-las à igreja, obtenha o dobro com seus esforços. Faça o tempo do esforço que faz para preparar e levar todas para a igreja valer em dobro – fique lá o maior tempo possível.

Quando se trata da igreja e de seus filhos, chegue ao limite. Clubes de Emissários, Awana,[63] Cubbies,[64] clubes bíblicos (Ambassadors, Awana, Cubbies, Sparks Bible clubs)? Eles estão lá. Acampamentos da igreja? Eles vão! Noites no ginásio de esportes? Inscreva-os. Churrascos no quintal e reuniões informais? Mande

---

[62] TAN, Paul Lee. *Enciclopedia of 7700 illustrations*. Winona Lake, IN: BMH Books, 1979, p. 844.

[63] [NT] Awana [Approved workmen are not ashamed (Trabalhadores aprovados não têm vergonha)], é uma organização cristã para crianças a qual trabalha com as igrejas locais.

[64] [NT] Uma divisão da Awana que também trabalha com crianças.

alguns cachorros-quentes! Fogueiras na praia? Noite com a comunidade jovem? Reuniões aos sábados? Não existe a possibilidade de eles perderem uma oportunidade de crescimento espiritual!

Querida mãe atarefada, passei por toda essa lista – e mais! – assim que comecei ir à igreja quando minhas filhas eram pequenas. Nossa família sabia como era a vida sem igreja... e ela não era tão boa. Na verdade, era vazia. As manhãs de domingo consistiam em deixar nossas pequenas paralisadas na frente da televisão, dormir, ler durante horas o *Los Angeles Times*, tomando golinhos de café de pijamas até começar o jogo de futebol na televisão.

E, oh, lembro a primeira vez que acertamos o despertador (!) para a manhã de domingo. Que bênção! As mudanças em nossa vida foram incontáveis e eternas. Ir à igreja nos fazia focar as coisas boas que empreendíamos durante a semana seguinte. Isso ancorou nossa família nos princípios bíblicos. Temperou a atmosfera diária de casa com o doce aroma de Cristo. Trouxe significado para os dias de nossa vida. E levou nossos pés, coração e mente para longe das coisas deste mundo e pôs nossa afeição nas coisas do alto – em Cristo.

Ainda agradeço diariamente a Deus por Sua graciosa intervenção em nossa vida, pelos amigos cristãos que temos, pelos amigos e professores que influenciaram de maneira positiva nossas filhas, pelos maridos que elas encontraram na igreja e por nossos sete netos que agora vão para suas salas de aula, e professores, e lições sobre Jesus na igreja.

Que bênção para você e sua família ser parte de uma família maior – o corpo de Cristo, a família de Deus!

Do coração de um pai

Olá! Tenho de dizer que, quando se trata de levar filhos à igreja, a mãe é o jogador-chave. Definitivamente, o pai pode ajudar, mas você, mãe, em geral, é quem estabelece e segue a agenda para o domingo e que planeja e conduz a semana de forma a permitir a ida à igreja. Como você almeja a chegada do domingo, e ver sua família reunida na igreja, você planeja isso ao longo da semana. Para o domingo, planeja as refeições, separa a roupa para os filhos e procura fazer todos irem cedo para a cama na noite de sábado. E, assim espero, tudo isso com, pelo menos, alguma ajuda de seu marido... o que nos traz alguns "e se... " que quero abordar.

E se... meu marido não quiser ir à igreja conosco? Sou um especialista nisso. Conheço bem essa situação, meu pai não era cristão. Minha mãe, contudo, de alguma maneira, tornou a vida dele tão prazerosa que ele não se importava que ela fosse à igreja e me levasse junto. Mesmo durante o verão, minha mãe e eu, para ir à igreja, dirigíamos 48 quilômetros de nossa cabana no lago onde meu pai gostava que fôssemos todo fim de semana. Depois, voltávamos direto para o lago por volta de 13 horas para preparar o almoço de meu pai.

Tenho certeza que minha mãe convidava meu pai para nos acompanhar, porém não me lembro de ele ter ido à igreja, exceto quando sua mãe morreu. Semelhante a minha mãe, portanto, seja a melhor esposa que puder. Seu marido verá a correlação entre seu envolvimento com a igreja e sua vida em casa e, mais alegremente, concederá a você e aos doces filhos algumas horas todas as semanas.

E se... meu marido não quiser que eu e meus filhos vamos à igreja? Essa é uma situação difícil para uma esposa e mãe. Você sabe o que a igreja significa para você e seus filhos, e é uma desventura ter um marido que se oponha a isso. Primeiro, verifique seu próprio coração e avalie sua conduta em relação ao seu marido e à sua casa. Ele está chateado com sua *fé* ou com *você*? Você está retratando uma forma não-bíblica de cristianismo? Seu marido está se sentindo negligenciado? Ele vê seu comparecimento à igreja como um empecilho entre ele e você e seus filhos?

Peça a Deus que lhe mostre áreas em que você pode demonstrar melhor o amor de Cristo para seu marido. Pergunte, também, ao seu marido, o que o chateia em relação a você ir à igreja. Procure reafirmar para ele que a igreja a ajuda a se tornar uma esposa e mãe melhor e que também seus filhos serão melhores por isso.

E se... você trabalha aos domingos? Às vezes, isso é inevitável. Se levar seus filhos à igreja, contudo, é uma prioridade, então você quererá um horário em que tenha tempo para a igreja, mesmo se significar a redução de salário. Deus honrará seu comprometimento e, se o Senhor assim desejar, seus filhos crescerão com amor a Deus e pelas coisas de Deus, incluindo ir à igreja.

Uma das maiores bênçãos para os pais é ver seus filhos crescerem seguindo suas pegadas e fazendo um esforço para comparecer com regularidade à igreja. É nesses momentos que você agradece a Deus por ter feito o esforço de levá-los à igreja ao longo de seus anos de formação.

Pequenas escolhas que trazem grandes bênçãos

1. Questione acerca das lições da Escola Dominical.

Minha parte favorita de ir à igreja em família é quando os pequenos saem da Escola Dominical abanando seus papéis de lições nas mãos. Eles não podem esperar para dá-los a suas mães! Escutem quando seus filhos deixam escapar alguma coisa nessa corrida em direção a você. Certifique-se de, nessa agitação e afobação, encontrar outras pessoas e, ao entrar no carro de volta para casa, de não perder esse papel precioso!

Depois, faça isto quando chegar em casa: sente-se com cada criança por sua vez e revise a história ou a atividade abordada em sua aula. Deixe-as lhe contarem a lição... sobre Jesus curar cegos, sobre como a pedra rolou da tumba, sobre o pergaminho manuscrito com todas as Escrituras inspiradas por Deus. Não perca a oportunidade de reforçar essas verdades nesses jovens corações. E com as crianças mais velhas, uma batidinha à porta do quarto, estatelar-se na cama delas e perguntar sobre o que seus professores ou os pastores falaram hoje. Apenas escute. Faça frequentes pontuações como: "Isso é bom!... Oh, gostei disso!". É uma bênção quando você escuta de primeira mão como a Palavra de

Deus está operando em corações pequenos – e grandes!

2. Comece na noite anterior.

Guarde a noite anterior ao dia de ir à igreja. Pense em fazer dela a "noite da família" em casa. Inicie a hora do banho cedo. Selecione e separe as roupas de ir à igreja e as Bíblias. Determine um toque de recolher mais cedo para os adolescentes. Coloque as crianças na cama um pouco mais cedo que o normal. (E não esqueça de fazer essas pequenas escolhas também em relação a você mesma. As coisas correm mais fáceis na manhã seguinte). Depois, deixe que as bênçãos fluam em sua vida!

3. Tenha um encontro com o professor.

Quantos encontros de pais e professores você teve na vida? É provável que muitos, se tiver filhos em idade escolar! Por que, portanto, não agendar um encontro com o professor da Escola Dominical dos seus filhos? Ou marcar uma hora para conversar um pouco, depois da aula, sobre o desenvolvimento espiritual de seu filho? Ou convidar esse santo para jantar com sua família? Você está muito mais interessada no lado espiritual da vida de seu filho que no acadêmico, não é mesmo? Que questões estão sendo formuladas a respeito das coisas espirituais? O que você pode fazer para reforçar e complementar o currículo bíblico em casa? E, mais importante, como você pode ajudar o professor a fazer o seu pequeno conhecer a Jesus?

4. Dobre a sua satisfação.

Tire o melhor proveito de seu tempo na igreja. Deus lhe deu um tremendo recurso em sua igreja, portanto assegure-se de aproveitar isso. A maioria das igrejas tem tanto culto de adoração quanto programa de Escola Dominical para adultos e crianças. Fique para os dois períodos de ensino. Depois, durante a hora seguinte, separe-se da família e vá para sua aula pessoal. A igreja tem muito a oferecer a você e a seus filhos. Ande uma milha a mais e faça a pequena escolha de participar de horas extras de adoração, ensino e comunhão. Você consegue tanto com essa pequena parcela de sua semana! O que representa uma hora extra comparada aos múltiplos benefícios e bênçãos de ir à igreja? Não é muito tempo no total da semana, mas significa muito quando visto da perspectiva eterna.

5. Fale a respeito da igreja.

O que você fala na frente de seus filhos lhes dá uma boa indicação do que você tem no coração e na mente. Se a igreja é importante (e é, não é mesmo?), então fale sobre ela durante toda a semana. "Ei, crianças, faltam apenas três dias para a noite de estudos bíblicos com os jovens na Awana. Devemos examinar seus versículos e a lição de vocês." Aproveite toda oportunidade para transformar a ida à igreja em algo que seus filhos anseiem. "Você vai encontrar seu bom amigo Tommy... ou Suzie... ou ouvir os ensinamentos de seu jovem líder". Se você faz sua parte, o que for importante para você será importante para seus filhos. Fale, portanto, sobre isso! Abra seu coração e seus lábios e abençoe seus filhos de todas as idades falando sobre a igreja.

6. Leia "Gerações de Desculpas".

Incluí este artigo perspicaz e inteligente nas páginas a seguir. Relaxe com sua xícara de chá favorito ou refrigerante e leia-o para si mesma. Observe as "pequenas escolhas" feitas ao longo do caminho – e os efeitos que deixaram para as gerações seguintes. Pare, ore e veja se sua família está fazendo algumas dessas pequenas escolhas. E, depois... bem, você sabe o que fazer. Leve sua família à igreja!

Gerações de desculpas[65]
por Mary Louise Kitsen

Querida Joan,

Meu marido Ben e eu fomos abençoados com um lindo menininho! Não dá nem para começar a contar a você a alegria que ele nos trouxe.

Você perguntou como a sra. Miller está se saindo na igreja desde seu acidente. Disseram-me que ela maneja sua cadeira de rodas com incrível facilidade. Ela também ainda ensina na Escola Dominical. Para falar a verdade, Ben e eu não temos ido à igreja desde que Timmy nasceu. É tão difícil com um bebê pequeno. E me preocupo que ele pegue alguma doença. Agora mesmo, há tantas pessoas com resfriado. Quando Timmy estiver um pouco maior, será muito mais fácil.

Amor, Sarah

Querida Joan,

Você acredita que nosso Timmy já tem um ano? Ele é tão saudável e ativo – maravilhoso.

Não, ainda não começamos a freqüentar a igreja com regularidade. Timmy chorou tanto quando tentei deixá-lo na creche que não consigo fazer isso. Ele, contudo, fez tanto barulho e ficou tão agitado na

---

[65] KITSEN, Mary Louise. *Generations of excuses*, reimpresso com permissão.

igreja que nós, por fim, saíamos mais cedo. O pastor veio nos visitar. Ele nos assegurou que Timmy ficaria bem se o deixássemos na creche, mas ainda não estou pronta para forçar isso. Quando ele for apenas um pouco maior, será muito mais fácil.

Amor, Sarah

Querida Joan,

Como você consegue dar conta de tudo que tem de fazer com três crianças agitadas? Timmy é muito ativo e parece estar em todos os lugares, e eu simplesmente não consigo controlá-lo.

Ainda não estamos freqüentando a igreja com regularidade. Tentei deixar Timmy na creche alguns domingos atrás, mas ele não fica com as outras crianças. Na semana seguinte, nós o levamos para a igreja conosco, mas ele andava por toda a igreja. Ele saía do banco antes que eu pudesse detê-lo. Vários membros da igreja que estavam sentados perto de nós ficaram aborrecidos, mas, afinal, Timmy tem apenas três anos. Quando ele for só um pouco maior, será mais fácil.

Amor, Sarah

Querida Joan,

Devo ser uma mãe totalmente terrível! No entanto, Ben e eu não conseguimos manter o nosso menino sob controle. Na semana passada, ele escapou de nós no restaurante e fez a garçonete derrubar uma bandeja inteira de comida. E, no último domingo, ele deslizou de nosso banco na igreja e antes que pudéssemos ver o que acontecia, adivinhe onde ele estava – bem lá na frente com o pastor! Quase desmaiei de tanta vergonha que passei.

O pastor acha que algumas horas em uma pré-escola farão bem a Timmy, mas ele tem apenas quatro anos. Ele se aquietará quando ficar um pouco mais velho.

Amor, Sarah

Querida Joan,

Parece tão engraçado vermos nosso menininho caminhando para a escola toda manhã. Eu pensei que fazê-lo começar na escola seria uma provação, mas a sra. Foster deve ter jeito com crianças. Ele parece alegre como uma cotovia.

Não, Joan, ainda não levamos Timmy à Escola Dominical. A razão é que a irmã dele ainda é um bebê. E você sabe como é difícil se aprontar para ir à igreja com um bebê pequeno. Quando Sally for apenas um pouco maior, será mais fácil.

Amor, Sarah

Querida Joan,

Como os anos voam. Agora, Tim está na quinta série e a pequena Sally apenas começou o jardim de infância.

Não, acho, infelizmente, que não somos fiéis em relação a freqüentar a Escola Dominical e a igreja como deveríamos. Ben trabalha muito, e as crianças vão para a escola, portanto não temos oportunidades de estar muito juntos durante a semana. E aos sábados sempre há tantas pequenas tarefas caseiras a fazer, como ir à lavanderia, comprar uma vassoura que quebrou etc. Domingo realmente é o melhor dia para passarmos algum tempo juntos e gostamos de começar cedo. No último domingo, fomos ao lago Manaware. É bem distante. Realmente, não dá para ir depois da igreja. Esses anos são tão especiais.

Amor, Sarah

Querida Joan,

Os adolescentes, com certeza, já têm uma opinião própria formada! Simplesmente, não consigo, de modo algum, fazer com que Tim compareça à Escola Dominical e à igreja. Ele nem mesmo quer ir ao encontro de jovens. Ele acha que as atividades deles são "tolas". Ele também não está progredindo na escola tão bem quanto Ben e eu gostaríamos. Ele não parece se dar bem com os professores ou com os outros alunos. Gostaria de viver em outra cidade. Parece que falta alguma coisa aqui.

Sally? Às vezes, ela vai à Escola Dominical, mas você sabe como os pequenos são. Ela acha que tudo que seu irmão pensa ou faz é perfeito. Mas, afinal, a adolescência é tão difícil. É um período de ajustamento. Quando Tim amadurecer um pouco mais, ele verá as coisas de maneira diferente e, depois, sua adorável irmãzinha também as verá de modo distinto.

Amor, Sarah

Querida Joan,

Como gostaria que você e Tom pudessem ter visto o casamento. Foi tão bonito. Tim estava tão bonito, e sua noiva estava uma beleza. A igreja estava cheia e tudo correu de forma tão adorável.

Não, Tim e sua noiva ainda não começaram a freqüentar a igreja com regularidade. Mas, afinal de contas, eles são recém-casados. Eles gostam apenas de ficar juntos. São tão jovens e estão muito apaixonados. Eles, contudo, assentarão em pouco tempo, e a igreja fará parte da vida deles.

Amor, Sarah

Querida Joan,

Ben e eu somos avós! Tim e sua Margie tiveram um menininho adorável. Estamos tão orgulhosos dele.

Igreja? Bem, parece que Ben e eu apenas não vamos com tanta frequência quanto deveríamos ir. Ben foi promovido de novo em seu escritório e, às vezes, aos domingos pela manhã, joga golfe com o seu patrão. E agora Sally é uma adolescente e tem seus próprios interesses. Quando as coisas mudarem, iremos à igreja com mais frequência.

Tim e Margie? Oh, neste momento eles realmente não podem nem pensar em igreja. Você sabe como é difícil quando temos um bebê. E alertei Margie a respeito de deixar o bebê exposto a resfriados, o que acontece muito por aqui no momento. Quando o bebê for um pouco maior, será mais fácil. Tenho certeza de que eles se tornarão ativos na igreja. Afinal de contas, Tim foi criado em um lar cristão por pais cristãos... Ele tem um bom exemplo para seguir...

Amor, Sarah

8

Ensine seus filhos
a orar

[...] disse-lhe um dos seus discípulos: Senhor, ensina-nos a orar.
Lucas 11:1

Parece que as crianças têm um desejo natural de orar. Muitos poucos pequenos não ficam contentes em curvar a cabeça e dar "graças" ou fazer a oração na hora de dormir. Eles querem orar! Mesmo o bebê na cadeira alta de bebês ama o ritual – junta as mãos fechadas, aperta os olhos fechados, pressiona a cabeça sobre os dedos fechados, dá uma espiada ou duas e, quando a oração termina, declama algo parecido com: "Amém!".

As crianças em momentos de medo ou de confusão também sentem necessidade de orar. De novo, elas querem orar. Lembro-me de uma professora de primeiro grau de uma escola pública de Los Angeles contar-me que no primeiro dia em que a escola reabriu, depois do terremoto de 6.8 graus, em Northridge, no qual morreram muitas pessoas, seus pequenos alunos se reuniram em volta dela. Eles se agarraram a ela durante todo o tempo em que a acomodação ainda fazia a região tremer. Uma ou duas das crianças até pediram se ela, por favor, não podia orar por elas, orar com elas.

Como era ilegal, contudo, que minha amiga orasse com seus alunos, ela fez o que *podia* fazer. Ela reuniu as crianças e as deixou abaixar a cabeça e fechar os olhos por um momento, em silêncio, assim, elas podiam orar como sabiam durante aquele tempo.

Tenho certeza que você, quando criança, arranhou um joelho (ou os dois!) ou levou um tombo feio (ou dois!). E é provável que você tenha feito o mesmo que eu: correr para o colo da mãe. De algum modo, a mãe ou o pai ajeitaram a situação ou fizeram um curativo, e você se sentiu melhor na mesma hora. E se você foi realmente afortunada, o pai ou a mãe também oraram com você.

Em casa, nossas duas pequeninas, com todo estrago normal das quedas, dos arranhões e dos machucados corriam para o Jim ou para mim. E escutávamos. E cuidávamos. E beijávamos as feridas. E tratávamos dos cortes e das feridas. Íamos ao pronto-socorro para dar pontos. E orávamos. Conforme o tempo passou a época "das quedas, dos arranhões e dos machucados" e começaram os sentimentos feridos, as amizades desfeitas, as separações e as perdas resultantes passaram a ser mais da categoria de relacionamentos interpessoais.

E, ainda hoje, recebemos um telefonema quando nossas filhas adultas têm alguma ótima novidade para compartilhar ou sofrem um desapontamento devastador. E depois, mais uma vez, ouvimos, alegramo-nos ou choramos, cuidamos, tentamos consertar, ou ajudar, ou confortar – o que for necessário. E, ali mesmo ao telefone, sempre oramos.

Querida mãe, orar é importante para nossos filhos em qualquer idade ou estágio da vida. E abençoamos e melhoramos a vida deles quando os deixamos ver e ouvir quando oramos – quando oramos por eles, quando oramos com eles... e, em especial, quando os ensinamos a orar. Essa é mais uma maneira de amá-los. E essa é mais uma forma em que os instruímos para a vida, em especial, para o futuro quando não estaremos sempre disponíveis, e eles estiverem tocando a vida deles por si mesmos. E, bênção sobre bênção, essa é mais uma maneira de instruí-los para servir a Deus quando eles entrarem no privilégio e no ministério pessoal da oração.

A mãe ideal

Já encontramos a mãe ideal nessa área vital de ser uma mãe que ora e que ensina seu filho a orar. O nome dela era Ana, e Samuel foi seu pequeno camarada. Ana despejou uma magnífica e poderosa oração de louvor a Deus quando deixou seu pequeno Samuel no templo em Siló (1Samuel 2:1-10). E é provável que, ajoelhado atrás dela, estivesse Samuel, com três anos de idade.

> Que possamos, todos nós, sermos salvos do pecado da falta de oração![67]

---

[66] LOCKYER, Herbert. *All the prayers of the Bible*. Grand Rapids, MI: Zondervan Publishing House, 1973, p. 64.

Não é de surpreender que o pequeno Samuel – quem, mais provavelmente, espreitou essa oração do coração de sua mãe segundo Deus – crescesse para ser um grande homem, e um homem de grande e poderosa capacidade de oração ele mesmo. Primeiro, vemos Samuel, ainda jovem, orando e conversando com Deus no santuário (1Samuel 3:3-20). Matthew Henry, ao comentar sobre essa cena, escreveu a respeito de Samuel: "Ele adorava o Senhor lá no templo ao fazer suas orações. Sua mãe, com a intenção de entregá-lo para o santuário, teve o especial cuidado de instruí-lo para o que seria seu trabalho ali no templo". [67]

Depois, testemunhamos o menino transformar-se no homem que se torna profeta e sacerdote que ora...

> [...] pela nação em um momento de sério problema (1Samuel 7:9).
>
> [...] por um rei para o povo de Deus (1Samuel 8:6).
>
> [...] para Deus comprovar o Seu descontentamento com o povo em relação a seu desejo de ter um rei (1Samuel 12:17,18).
>
> [...] com o coração contrito devido à desobediência do rei Saul (1Samuel 15:11).
>
> [...] para discernir a vontade de Deus ao ungir o novo rei, Davi (1Samuel 16:1-12).

Perguntamo-nos, onde ele aprendeu a orar com tanta fé e fervor? Provavelmente, nos joelhos de Ana, sua mamãe!

---

[67] *Matthew's Henry commentary on the whole Bible*. Hendrickson Publishers, Inc., 2003, p. 383.

Outras mães de oração

Como mãe, um de meus dias memoráveis foi aquele em que li, pela primeira vez, esse apelo para as mães:

> Uma mãe pagã leva seu bebê, antes que possa articular uma palavra, até o ídolo, no templo, e o ensina a tocar suas mãozinhas na fronte dele em atitude de oração. Tão logo possa andar, é-lhe ensinado a juntar algumas flores ou frutos, ou colocar um pouco de arroz sobre uma folha de bananeira e deixar sobre o altar, diante do deus ídolo. Tão logo possa articular os nomes dos pais, é-lhe ensinado a oferecer petições diante das imagens. Quem já viu uma criança pagã que saiba falar e não saiba orar? Mães cristãs, por que há tantas crianças crescendo nesta terra instruída sem aprender a orar?[68]

Admito, eu estava deixando minhas pequenas crescerem sem aprender a orar. Eu permitia que os dias, os anos e as oportunidades passassem sem ensinar minhas meninas a orar. Esse exemplo, como mãe de crianças pequenas, atingiu-me com tanta força que o guardei. E, francamente, era exatamente o incentivo que precisava para fazer a chama da oração entrar no coração delas.

Outras mães me mostraram como ensinar minhas filhas a orar. (E, adivinhe, também guardei essas palavras inspiradoras quando as li).

Valerie Elliot Shepard (mãe de oito crianças) escreveu isso a respeito de sua famosa mãe, Elisabeth Elliot: "Toda noite

---
[68] MOODY, D. L. *Thoughts from my library*. Grand Rapids, MI: Baker Book House, 1979, p. 122.

que me colocava na cama, ela cantava e orava para nós duas". [69]

A biografia de Billy Graham relata que a mãe dele "o encorajou a tomar parte na devoção diária da família – começando com uma sentença de oração ensaiada de antemão – e a memorizar versículos das Escrituras". [70]

Crianças de todas as idades, não importa o que digam ou como ajam, querem conhecer a respeito da oração. De fato, como citamos anteriormente, 91% das pessoas com treze anos oram a Deus durante uma semana típica. [71] Quando perguntaram a um adolescente se gostaria que seus pais tivessem feito de maneira diferente, ele respondeu: "Poderíamos ter tido uma hora de devoção familiar de forma consistente ou, pelo menos, orarmos juntos todas as noites". Outro ainda acrescentou: "Métodos, passo a passo, ajuda em estudo bíblico e oração poderiam ter me preparado melhor para minha vida em que tenho de decidir as coisas por minha própria conta".

> Você não pode alçar seus filhos a um nível mais alto do que aquele em que você mesma vive.

Em geral, os adolescentes levam vidas solitárias, apesar das turmas que sempre estão à volta. Assegure-se, portanto, de gravar neles que Deus está interessado na vida deles e em tudo que os aborrecem ou os estressa. Encoraje-os a orar

---

[69] "This I carry with me aways". *Christian parenting today*. Maio/Junho de 1993, p. 23.
[70] HIGH, Stanley. *Billy Graham*. Nova York: McGraw Hill, 1956, p. 106.
[71] Resultado do levantamento de BARNA, George. *Transforming children into spiritual champions*. Ventura, CA: Regal Books Gospel Light, 2003, p. 35.

quando entram em novas fases ou têm de decidir sobre as suas atividades.[72]

Sim, você ora com eles. Aponte-os, contudo, em direção à oração pessoal. Dê-lhes o presente de um diário bastante especial que reflita a personalidade e os interesses deles, uma caneta que você sabe que eles gostarão e lhes mostre como fazer e manter uma lista de oração. Ajude-os também a criar uma agenda que contenha um encaixe de cinco a dez minutos para orar. E, acima de tudo, deixe-os ver e ouvir você orar. Seu exemplo e dedicação são professores inestimáveis.

As mães me perguntam todo o tempo como Jim e eu, em nossa família, lidamos com o tempo de quietude para as adolescentes. Uma coisa que fazíamos era ter todos em pé – e acordados! Depois, tínhamos um tempo de trinta minutos para cada pessoa da casa ficar só e fazer a sua devocional. Era a hora de quietude da casa. As portas eram fechadas e tudo ficava em silêncio.

É verdade, não sabíamos o que nossas adolescentes estavam fazendo por trás das portas. É verdade, também, não as surpreendíamos nem batíamos em suas portas para verificar o que faziam. Fornecíamos, contudo, a instrução, a estrutura, os livros, as ferramentas e o tempo para que houvesse crescimento espiritual – crescimento espiritual que envolvia orar sobre as questões de suas vidas.

---

[72] Para moças adolescentes *veja* GEORGE, Elizabeth. *A young woman after God's own heart* e *a young woman's call to prayer*. Eugene, OR: Harvest House Publishers, 2003 e 2005. Para adolescentes, *veja* GEORGE, Jim, *A young man after God's own heart*, Eugene, OR: Harvest House Publishers, 2005.

Um exame ao longo de seu dia

Quando você consegue um minuto para si mesma (e estou sorrindo quando digo isso!), examine ao longo de seu dia normal (aí vai outro sorriso!). Pense em tudo que você e seus filhos têm de agradecer e no que você precisa da ajuda de Deus. Depois, mostre-lhes o caminho. É...

- ❖ Hora do café da manhã? Agradeça a Deus pela comida e ore para ter um bom dia.
- ❖ Hora da devocional? Verbalize para Deus o que aprendeu e peça-lhe ajuda para aplicar isso.
- ❖ Hora de trabalho ou de fazer alguma pequena tarefa? Peça a ajuda de Deus para o desenvolvimento do caráter de seus filhos para que façam seu trabalho para o Senhor com sinceridade – não apenas pela mamãe (Colossenses 3:23)!
- ❖ Hora de sair para a escola? Tenha um breve grupo de oração e uma oração em grupo, todos abraçados, à porta.
- ❖ Hora da lição de casa? Ore a Deus para que a ajude a ensinar de maneira clara e para que seus filhos aprendam, para que tanto você quanto eles façam um bom trabalho.
- ❖ Hora do trabalho de casa? Ensine seus filhos a pedir a ajuda de Deus para todo e qualquer projeto.
- ❖ Hora de voltar para casa da escola? Ore a Deus por outro dia de educação e por um retorno seguro para o lar, doce lar.
- ❖ Hora do lanche? Agradeça pela comida (de novo!) e ore pelo que deve acontecer a seguir, para o que cada um de vocês se prepara para fazer.

❖ Hora de ir para o trabalho? Mande seus filhos mais velhos para o trabalho com uma oração e um beijo. Eles precisarão disso! As coisas estão muito difíceis no mundo.

❖ Hora de outra refeição? Em toda e qualquer refeição, seja fiel para que os "[...] alimentos que Deus criou" sejam "[...] recebidos com ações de graças" (1Timóteo 4:3).

❖ Hora de dormir? Faça alguma oração que transmita o sentimento da oração de fim de dia de Susana Wesley: "Eu O louvo, ó Deus, por um dia bem utilizado".[73] (E P. S.: Não apenas ore com seus filhos. Antes de sair para que durmam, dê-lhes um beijo!)

Como mãe, meu objetivo é ter a atitude do apóstolo Paulo. Ele disse àqueles por quem orava: "[...] porque vos retenho em meu coração" (Filipenses 1:7). E porque carrego minhas filhas em meu coração (exatamente como você) oro sempre... e com fervor... por elas.

> Ore para que seu filho permaneça naquilo que aprende, e de que foi inteirado, "[...] sabendo de quem o tens aprendido".
> 2Timóteo 3:14

Inspirando a oração

Quando você ensina seus filhos a orar, alguns lembretes os ajudam. Seja criativa e pró-ativa. Faça-lhes perguntas. Você não estará apenas inspirando-os a orar, mas também terá um vislumbre do que está acontecendo na vida deles. Comece aos poucos. Para os realmente pequenos, comece com um murmúrio ou com um sincero: "Amém!". Depois, à hora das refeições, inicie com sentenças durante a ação de graças. Ensine-os a responder aos seus lembretes,

---

[73] *The prayers of Susana Wesley*, ed. e arr. por DOUGHTY, W. L. Grand Rapids, MI: Zondervan Publishing House, Clarion Classics, 1984, p. 46.

"Jesus, obrigado por ... . "

"Jesus, por favor, ajude-me a ... . "

"Jesus, por favor, ajude _____ a ... ... "

Faça-os orar sentenças de orações para qualquer bênção, pequena ou grande, na vida deles. Depois, avance para o nível mais profundo, conforme a idades deles aumenta.

Pergunte: "Pelo que você gostaria de agradecer a Jesus esta noite? Hoje? Neste momento? Não esqueçamos de dizer 'obrigado' para Jesus!". Não importa a idade, desde crianças de três anos para cima, eles podem responder a essas perguntas... e orar por essas coisas.

Pergunte: "Com o que você está preocupado? Triste? Contemos para Deus a respeito disso neste momento. Ele pode cuidar disso". E assim você começa, compartilhando as questões assustadoras em suas pequenas – e grandes – vidas... e ajudando-os a aprender como lançar suas preocupações sobre o Senhor (1Pedro 5:7).

Pergunte: "Qual é o seu maior desafio hoje? Você gostaria de pedir que Deus o ajudasse com o quê? Peçamos-lhe agora". As crianças mais velhas têm as pressões da escola (testes, notas, desempenho), pressão dos parceiros (amigos, namorados ou namoradas!), pressões de emprego e a pressão de se levantar para o que é certo e defender a fé em Cristo.

Pergunte: "Você lembra de algum amigo especial por quem possamos orar? Como podemos pedir que Deus o ajude?". Esse lembrete faz com que os filhos pensem além de si mesmos para começar a perceber os outros e as necessidades deles, para se preocupar com os outros. Quando acrescentam orações por outras pessoas às suas orações diárias, eles crescem em caráter.

Pergunte: "Com o que você acha que seu pai/irmão/irmã precisam de ajuda? Que gentileza você pode fazer para tornar a vida deles mais fácil? Peçamos a Deus para ajudar a todos nós". Nunca é muito cedo para trabalhar o amor familiar.

Ore sempre... por todas as coisas

Os escritores do Novo Testamento resumem a importância de orar melhor para nós: devíamos...

- orar sempre com todos os tipos de orações e pedidos (Efésios 6:18),
- orar sem cessar (1Tessalonicenses 5:17),
- orar uns pelos outros (Tiago 5:16),
- orar a respeito de tudo (Filipenses 4:6),
- orar com fervor (Tiago 5:16), e
- orar continuamente (Atos 6:4).

O objetivo é ensinar nossos filhos a fazer o mesmo que nós quando nós mesmas lutamos para que possamos cumprir essas instruções.

Faça das preocupações diárias suas e de sua família um ponto de oração. O meu pastor costumava dizer: "A oração é a respiração espiritual. Cada inspiração traz uma oração". Mãe, esse é o nosso objetivo com os nossos filhos. Deixe-os perceber que a oração é a resposta natural e primeira para todas as coisas. Eis aqui mais dois cenários que merecem sua oração espontânea, sua "respiração espiritual".

Ore com os amigos deles. Quando seus filhos tiverem amigos, vizinhos, colegas de escola por perto, não importa a idade deles, dê graças, com eles, à mesa ou na hora do lanche. Se seus filhos têm convidados que vão pernoitar em casa, ore com todos eles e por todos eles quando os for "aconchegar". Se os amigos compartilharem um problema ou uma preocupação no meio da conversa, ore com eles... exatamente como faria consigo mesma. Veja, você é uma mãe de oração! Não pode agir de outra forma!

Ore ao telefone. Quando nossa família voltou do campo de missão, nossas meninas estavam no segundo ano do ensino médio. Como "crianças missionárias" de volta aos Estados Unidos, de repente, parecia que eram de outra era. Elas estavam por fora de tudo, culturalmente atrasadas no tempo. Surpreendentemente, quando entraram no segundo ano do ensino médio, começaram a ligar para casa durante o dia, em geral, durante o almoço. De início, eu não conseguia imaginar a razão para isso, mas, por fim, percebi. Elas não tinham amigos, ninguém com quem comer junto ou com quem falar. Se, portanto, "fizessem uma ligação telefônica" a solidão, a confusão e o embaraço não seria tão evidente. Assim, comecei a orar com elas ao telefone... para que tivessem um bom restante de dia... e lhes dizia que as veria em apenas algumas horas.

Jim também orava com nossas filhas ao telefone. Mesmo hoje, quando elas ligam para ele, ele sempre diz algo como: "Agradeçamos a Deus". Ou: "Oremos a respeito disso". Ou: "Não quero desligar até que oremos".

Mesmo que não seja verbalizado ou pedido abertamente, as crianças ligam para casa à procura de segurança, para tocar a base, para falar com alguém que as ama e se preocupa com os detalhes da vida delas, à procura de algo familiar, de amor, de sabedoria. Quando você e eu não oramos com elas... elas podem escolher fazer essa ligação para qualquer outra pessoa no mundo para conseguir conselho! Elas poderiam ter ligado para o 190 para *falar* com alguém, mas elas ligaram para você, portanto, você tem de *orar* com elas. Você pode lhes dar algo que ninguém mais pode dar – suas orações.

— Resposta do coração —

Eis um princípio pelo qual procurei viver e que me foi passado por uma mentora. Ela disse: "Elizabeth, lembre-se que tudo que você faz e deixa de fazer ensina". Querida mãe, portanto, quando você ora, está ensinando seus filhos a orar. Quando você ora com seus filhos, os ensina a orar. Quando ora com eles ao telefone... no carro... à porta... quando fazem suas refeições... quando chegam em casa... quando vão dormir... quando estão com os amigos deles, você os ensina a orar.

E quando você não ora com eles, os está ensinando que a oração não é importante. Fale, portanto. Abra a boca e ore... e ore... e ore. Mãe, não dê à sua estimada criança nem a mais leve oportunidade de pensar que você não está orando. Você está... e elas devem saber disso. Deixe-as ver – e ouvir – sua paixão por Deus, por elas e por orar por elas. Como Mãe segundo o coração de Deus – uma mãe que ora – você as ensinará muito sobre orar.

Do coração de um pai

Olá! Há alguns anos, compareci a uma conferência para pastores e fui, mais uma vez, desafiado com a importância de ensinar minhas filhas a orar. Um dos palestrantes deu testemunho de como seu pai utilizou tempo de qualidade com ele e suas duas irmãs todas as noites enquanto cresciam. O pai desse homem não era um pastor ou teólogo de seminário. Era apenas um leigo em sua igreja, um homem comum que reunia os filhos à sua volta todos os dias à hora de dormir e lia uma pequena passagem da Bíblia para eles. Ele perguntava a cada um dos filhos o que significava aquela passagem da Bíblia e expunha seu pensamento a respeito dela. Por fim, o pai fazia cada criança orar a respeito das alegrias do dia e de tudo que teria de enfrentar no dia seguinte. O dedicado pai terminava o ritual da hora de dormir com uma oração que abrangia todos os assuntos.

O palestrante prosseguiu e disse que sua rotina noturna durou todo o tempo em que os filhos moraram na casa, alguns já com seus vinte anos. É desnecessário dizer que os três filhos, com a graça de Deus, cresceram fortes e vibrantes na fé.

Quero encorajá-la a fazer duas coisas. Primeiro, certifique-se que está orando com seus filhos. Você não tem controle sobre o seu marido, quer ele seja cristão quer não, nem sobre o desejo dele de se envolver com a paternidade e a informação espirituais. Você, contudo, tem controle sobre o *seu* tempo e prioridades. De maneira igual ao modo que minha mãe fez comigo, enquanto meu pai ficava na sala assistindo televisão, cubra seus pequenos e grandes em suas camas e ore com eles e para eles. Isso leva apenas alguns minutos. Como o pai citado, que deixou uma forte impressão em seu filho e em suas duas filhas, faça o que for necessário para passar um tempo de qualidade com seus filhos.

Depois, com muita oração, se o seu marido for crente, procure ajudá-lo a entender a importância do envolvimento dele com o ensinar os filhos a orarem. Ele já pode estar fazendo isso – e isso é o ideal! Não deixe de dar um tapinha de encorajamento nas costas dele pela participação. Se ele, entretanto, não estiver tão envolvido quanto deveria ou poderia estar, compartilhe o que ele está aprendendo e peça a ajuda dele nessa tarefa que é a mais importante na criação dos filhos.

O pai que mencionei não foi um pregador dinâmico nem líder na igreja. Ele era apenas um homem – um pai – que amava os filhos, amava a Deus e queria que seus filhos também amassem a Deus. Ore, portanto, para que você e seu marido, juntos, pensem que "ensinar seus filhos a orar" é uma das tarefas mais sublimes e mais sagradas dos pais cristãos.

Pequenas escolhas que trazem grandes bênçãos

1. Memorize a "Oração do Senhor".

Você está se perguntando por onde começar? Inicie por onde Jesus começou com seus discípulos, Seus filhos (por assim dizer). Os discípulos de Jesus, continuamente, O viam e O ouviam orar. Por fim, eles pediram: "[...] ensina-nos a orar" (Lucas 11:1). E Jesus respondeu-lhes mostrando exatamente como orar, até dando as palavras para eles. Ele disse: "[...] orai vós deste modo", e lhes deu o que chamamos de Pai-Nosso (veja Mateus 6:9-13).

Se essa é a oração que a própria família de discípulos de Jesus precisou, então também é uma boa coisa para seus filhos. Faça um projeto de grupo para memorizar e orar essa oração com seus filhos.

Ocasionalmente, ore o Pai-Nosso à hora das refeições, à hora de dormir e em ocasiões especiais para manter essa oração no coração e na mente de todos.

2. Tenha a oração como um estilo de vida.

A Bíblia diz: "Regozijai-vos sempre" (1 Tessalonicenses 5:16). Faça dessa ordem seu lema pessoal de oração, não apenas porque essa deve ser sua atitude como cristão, mas também por causa do modelo que fornece para seus filhos.

Persista nessa atitude constante de mãe que ora, ore ao longo de todo o dia com um olho no relógio. Onde estão seus filhos? Em que aulas estão agora? Estão fazendo provas, proferindo palestras? É hora do lanche? Do recreio? Estão no ônibus escolar? Nas práticas esportivas ou em outras? Em um grupo de estudo? No trabalho? No grupo de jovens ou de estudo bíblico? Dirigindo o carro? Seja vista pelos seus filhos como uma mãe que ora.

3. Compartilhe sentenças de orações à mesa do jantar.

Se estiver tudo bem com o seu marido, e ele não se sentir embaraçado com isso, peça que ele solicite que todos fiquem à volta da mesa e em uma sentença agradeçam a Deus por algo que lhes aconteceu naquele dia. (E eis uma sugestão: para isso, ajudaria se você preparasse todos para ficar de vigia durante o dia em relação ao que gostaria de agradecer a Deus à noite). Se você faz isso de maneira rotineira, seus filhos automaticamente começarão a prestar atenção e a pensar durante todo o dia a respeito do que Deus está fazendo na vida deles. Eles também ficarão instruídos para "[...] em tudo" dar graças (1Tessalonicenses 5:18).

4. Leia um livro de orações.

Há muitos livros de oração, ou livros devocionais, de grandes homens e mulheres do passado. Os puritanos eram famosos por seus livros de orações, sendo *The valley of vision* (*O vale das visões*) um deles.[74] Se o pai estiver disposto a fazer isso, faça-o ler uma oração a cada manhã e, depois, peça que cada pessoa faça oração em uma sentença que diga respeito ao tema da oração escrita. Isso é tudo que ele tem de fazer! Se o pai não quiser fazer parte da oração, então faça esse exercício, em particular, com seus filhos quando o pai sair ou estiver ocupado.

5. Organize uma lista de assuntos para orações da família.

Que melhor maneira de ensinar a seus filhos a importância da oração e de como orar que lhes mostrando as respostas de suas orações reais! Como se faz isso? Organizando uma lista de assuntos para as orações da família. Todos os dias, quando conversa sobre as atividades e as necessidades dos outros, você, ou um de seus filhos mais velhos, se torna a "secretária de registro" e prepara a lista, enquanto você pergunta: "Com o que gostaria que Deus o

---

[74] BENNETT, Arthur, ed. *The valley of vision*. Carlisle, PA: *The banner of truth trust*, 1999.

ajudasse? Você lembra de algum amigo em especial pelo qual gostaria de orar? Ouvi acerca de alguém da igreja que precisa de nossas orações. Como podemos pedir a Deus que ajude essa pessoa?".

De novo, lembretes como esses podem ajudar as crianças a pensar em algo que não seja em si mesmas, a preocupar-se com os outros e com as mágoas e as necessidades deles. Quando sua família ora pelos outros, todos crescem espiritual e pessoalmente. Depois, no fim do dia, à mesa de jantar ou à hora de dormir, ou na manhã seguinte, continue com as orações. Pergunte: "Como Deus respondeu a suas orações a respeito de...?". Depois, escreva a resposta próximo ao pedido da oração. Guarde as respostas e, com frequência, reveja com seus filhos a bondade de Deus. Mostre-lhes como Ele está operando na vida deles por intermédio da oração.

6. Ore diariamente com cada criança à hora de dormir.

Você, seu marido ou os dois, avaliem o ritual noturno. Chegue mesmo a planejá-lo – o que você quer dizer para cada criança, alguns versículos que queira compartilhar, o que você quer orar para cada criança. Nos anos vindouros, as crianças olharão para trás e dirão o quanto apreciaram esses momentos. E farão o mesmo para seus pequenos. De novo, no início, seus filhos podem protestar, mas vá em frente. Eles dormirão e acordarão no dia seguinte sabendo que *alguém* se preocupa com eles... e que Deus olha por eles.

As orações à hora de dormir também tornam-se um momento em que seus filhos, com frequência, abrem o coração e compartilham suas preocupações, medos e alegrias. Por quê? Porque sabem que, onde você estiver, orará por isso imediatamente. E, com frequência, a bênção se reverte: um adolescente disse: "Minha mãe ajoelhava-se ao lado de minha cama à noite e orava por mim antes de me dar boa noite. Durante essas orações, ela, com frequência, me transmitia seus sentimentos ou preocupações".[75] Não omita esses momentos inestimáveis.

---

[75] WHITE, Joe e WEIDMANN, Jim. *Spiritual mentoring of teens*. Wheaton, IL: Tyndale House Publishers, 2001, p. 76, 35.

9

Procure fazer
o seu melhor

E tudo quanto fizerdes, fazei-o de coração, como ao Senhor, e não aos homens.
COLOSSENSES 3:23

Amo os versículos da Bíblia que apontam para a graça de Deus. Talvez seja porque necessito tanto dela! Em especial, no Departamento Materno. Acho que isso é verdade para todas as mães, graças à natureza delicada do criar um filho. Amamos a Deus. Amamos aos nossos filhos. Como mães, queremos seguir as instruções de Deus para nós. E queremos fazer o nosso melhor. E, de fato, fazemos!

Eis aqui, contudo, como isso ocorre em minha experiência. Tenho tantos desejos e sonhos para mim mesma, como mãe, e para minhas filhas e faço orações apaixonadas por nós. Assim, movo-me para a frente, a todo vapor. Faço tudo que acho que devo fazer – e mais! – por um período de tempo. E, depois, acabo por ter um dia ruim. Eu escorrego ou os cuidados maternos parecem exigir mais ou trazer menos recompensas que ontem. Por qualquer razão, algo se acelera ou fica confuso. Alguma coisa mudou e, de maneira surpreendente, o que funcionou ontem, não funciona hoje.

E, assim, volto a ajoelhar-me. De novo, levanto minhas orações a Deus e clamo por sabedoria, por discernimento, por Seu amor, e alegria, e paz, e paciência, e autocontrole, por Sua força... e, acima de tudo, por Sua graça.

E começo tudo de novo. Deus aponta de novo para mim, depois de meu baque ou lapso, sou chamada para despertar, para enquadrar minhas prioridades como mulher e meu propósito como mãe.

Querida companheira de maternidade, esses são os fatos para toda e qualquer mãe. Ser mãe é um compromisso, uma responsabilidade e um chamado de Deus... para a vida toda.

> **Não há carreira mais nobre que a da maternidade em sua melhor forma.**[77]
> **Elisabeth Elliot**

E ser mãe é nossa maior alegria *e* nosso maior desafio. Assim, o que podemos fazer? O tempo todo me faço essa pergunta, e a resposta é sempre a mesma – apenas podemos tentar fazer o nosso melhor. Essa é mais uma das maneiras por meio da qual amamos a nossos filhos.

---

[76] ELLIOT, Elisabeth. *The shaping of a christian family*. Nashville, TN: Thomas Nelson Publishers, 1991, p. 95.

Ao tratarmos deste assunto neste capítulo, que é o mais importante, deixe-me compartilhar seis atitudes e abordagens que lhe ajudarão a fazer o seu melhor. E observe que eu disse "atitudes e abordagens". Essas não são coisas para *fazer*. Não, dizem mais respeito às coisas para *pensar*, ao como você aborda, cada dia, seu "papel de mãe"[77].

1. Saiba quem você é

O dia memorável em minha vida aconteceu em uma tarde de domingo. Foi um dia em que Jim e eu sentamos para escrever alguns objetivos. Nossos corações buscavam direção para o serviço a Cristo, para nosso casamento, para nossa família e para nós, como pais. Nossas filhas eram pequenas – ainda usavam fraldas. Jim e eu ansiávamos por fazer a coisa certa, assim, meu marido orou... e ficamos por algumas horas com o Senhor para ter ideias e estabelecer alvos, enquanto nossas pequenas tiravam um cochilo.

Bem, no fim da tarde, formaram-se três objetivos de vida em minha mente – metas que definitivamente teriam de ser realizadas pela ação fortalecedora do Espírito Santo se, de qualquer modo, fossem para elas serem alcançadas. E não havia dúvida, quando olhava para essas metas, de que trariam um tremendo crescimento pessoal – uma reviravolta de 180 graus!

Meu objetivo número um, que surgiu naquela tarde de oração e exame do coração, era o seguinte: "Ser incentivadora e encorajadora de meu marido e filhas". São palavras simples. Não há nada de fundamentalmente importante aqui (a menos que você tenha vivido para si mesma, negligenciando sua família, como eu tinha!). Desde aquele dia memorável,

---

[77] WARNER, Judith. "Mommy madness", *Newsweek, Inc.*, 2005, citado de *Perfect madness*. Nova York: Riverhead Books, 2005.

contudo, sei exatamente quem eu sou e o que esperam que eu faça – sou esposa e mãe. Devo amar meu marido e minhas filhas. Em resumo, naquele domingo ensolarado, minha vida, pela primeira vez, passou a ter foco.

E hoje, quando, aqui sentada, penso em onde estava e onde eu queria chegar... e penso em você... e onde você deve estar... e onde você quer chegar, percebo que qualquer objetivo de vida é apenas aquele que exige uma vida toda para ser realizado. Esse único objetivo, contudo, o de número um, me forçou a responder a uma questão muito mais significativa: "Quem sou eu?".

Acredito de todo coração que o seu melhor – ou o meu melhor... ou o melhor de qualquer pessoa – é descobrir quem você é. Eu pergunto, portanto: "Você sabe quem você é?". Se tiver filhos, você é uma das mães de Deus. Essa é quem você é.

2. Saiba o que é que você faz

Eu me referi, em *Loving God with all your mind* (*Amando a Deus de todo o seu entendimento*),[78] ao que significa amar a Deus em primeiro lugar e acima de tudo. Amar a Deus de todo o seu coração, de toda a sua alma e de todo o seu entendimento é – e sempre será – nossa prioridade suprema (veja Mateus 22:37). E falei a respeito de ser uma esposa amorosa em outro livro que escrevi.[79] Este livro, contudo, é sobre meu papel como

> [...] as mulheres novas a amarem aos seus [...] filhos.
> Tito 2:4

---

[78] GEORGE, Elizabeth. *Amando a Deus de todo o seu entendimento*, United Press, 2003.

[79] *Veja* em especial GEORGE, Elizabeth. *Uma mulher segundo o coração de Deus*, Hagnos, 2004, e *A wife after God's own heart*. Eugene, OR: Harvest House Publishers, 2004.

mãe. Meu objetivo de focar minha família forçou-me a perceber que, fundamentada em Tito 2:3-5, depois de amar a Deus e a meu marido, amar a meus filhos era minha mais alta prioridade e responsabilidade.

Oh, que liberdade! Por fim, saber quem eu sou *e* o que devo fazer! A partir desse momento, comecei a focar meus esforços e energias em ser a melhor mãe que podia ser. E, veja bem, com esse foco, a vida fica muito mais fácil. Antes de saber quem eu era e o que devia fazer, eu procurava ser todas as coisas para todas as pessoas – inclusive para mim mesma – e estava fracassando de maneira terrível. Percebi que não podia servir, ao mesmo tempo, a todas aquelas pessoas e interesses. Eu não podia agradar a todos e fazer tudo. Eu deveria fazer escolhas sobre quem eu precisava servir.

Escolhi, portanto, focar minha família. E essa escolha também significava que eu precisava focar a mim mesma para crescer em Cristo – assim, fiz exatamente isso. Foquei o crescer na graça de Deus e o meu conhecimento Dele, por intermédio de Sua Palavra, e o meu caminhar com Ele. E logo pude entender melhor a incrível atribuição que o Senhor me concedeu de ser mãe – Mãe segundo o coração de Deus! Comecei (como você agora) a ler livros sobre pais cristãos, sobre instruir minhas pequenas, sobre ensinar-lhes a sabedoria e o caráter divinos.

Agora, já faz trinta anos desde aquele luminoso dia em que estabeleci meu objetivo. E devo dizer, os objetivos que estabeleci naquela tarde nunca foram mexidos, mudados, deslocados ou desenvolvidos. Sim, meu ninho está vazio enquanto estou sentada aqui despejando meu coração para você, mas ainda sou mãe até hoje. Isso *nunca* mudará. E, glória das glórias, também sou avó de sete pequenos.

E tenho de ser sincera, se realmente quiser entrar na atmosfera de medo, basta ficar especulando: "E se... eu não tivesse estabelecido objetivos? E se... eu não tivesse endireitado as coisas direto com Deus? E se... eu não tivesse tomado algumas decisões difíceis e importantes? E se... as coisas tivessem continuado à deriva... na direção errada?".

Digo tudo isso para encorajá-la a tirar uma hora ou duas (sim, estou sorrindo!) e pense a respeito de quem você é e o que é que você deve fazer – ou o que se supõe que você deva fazer. Colocar as respostas no papel é algo que simplificará sua vida, tornará claros seus propósitos e revolucionará sua vida como mãe. Isso lhe dará o foco necessário para procurar fazer o seu melhor como mãe. Isso lhe dará trinta, quarenta, cinquenta anos (apenas Deus sabe, na verdade, quantos anos) para saber, a cada simples dia, exatamente quem você é e o que deve fazer.

Querida, perceba também que, em cada simples dia de sua vida, o mundo envia sinais de que você não é ninguém a não ser que seja uma mulher trabalhadora, focada e muito qualificada, dessas que não se acham mais no mercado de trabalho. Que você precisa cuidar de si mesma. Que se supõe que você seja a número um. De que seus filhos podem passar muito bem sem o seu cuidado constante. O mundo, contudo, o mundo está errado! Você pode descansar em seu coração e saber, com toda certeza e força, quem você é no mundo e o que você deve fazer aqui.

3. Perceba que você não pode servir a dois senhores

Agora eu sei que estava aprendendo o valor do princípio que Jesus estabeleceu para nós, o qual se aplica igualmente a todas as áreas da vida. Não podemos servir a dois senhores de maneira igual. Jesus afirmou: "Ninguém pode servir a dois senhores; porque ou há de odiar a um e amar o outro, ou há de dedicar-se a um e desprezar o outro" (Mateus 6:24). Embora Jesus falasse de amor a Deus e ao dinheiro, Seu comentário a respeito de lealdades divididas se aplica a muitas áreas da vida da mulher – mesmo à tarefa de ser mãe.

Eis aqui como esse princípio operou em minha vida. Eu tinha duas menininhas, com idades de um e dois anos..., contudo, eu também queria fazer mestrado em educação. Matriculei-me, portanto, na universidade com carga total de aulas, encontrei uma babá e comecei a deixar meus bebês, antes do raiar do dia, aos cuidados de um berçário ao amanhecer e as pegava ali depois do anoitecer. Estava definitivamente servindo a um senhor (ir à escola) em preferência a outro (ser mãe).

Depois, quando me tornei cristã e escrevi meus objetivos, percebi que servir a meu novo e eterno Senhor, Jesus, também significava que eu precisava servir a meu marido e a minhas filhas. Larguei, portanto, o programa de mestrado e, de verdade, comecei outro "Programa de Mestrado"! Pode-se dizer que ganhei o grau de mestra em maternidade.

Por favor, não me entenda mal. Não estou dizendo que você não pode ou não deve ter um emprego ou uma carreira nem matricular-se em uma escola. Nós, mães, somos absolutamente as melhores quando se trata de administrar, fazer malabarismos e equilibrar as exigências da vida. Somos as excelências do mundo. Isso é algo mais que fazemos! O que estou dizendo, contudo, é que se você está (como eu estava) considerando sua carreira ou emprego, escola ou passatempos, até mesmo seu ministério, como seu senhor, como o foco de sua vida, de seu tempo e de sua energia, então você flutua sobre uma linha que torna quase impossível dar o seu melhor aos seus filhos.

Oh, haverá bons momentos. Você terá alguns jorros de qualidade com seus filhos. Você, contudo, terá essa *outra* coisa puxando com força seu coração e mente. Rapidamente, suas energias se virarão para outro lugar. Acredite-me, sei, como mãe que caiu nessa categoria por um tempo e também porque minha mãe seguiu carreira, do que estou falando.

> **Lealdades divididas levam a uma vida diluída.**

Oro que, com a ajuda de Deus e Sua graça, você comece a entender quem você é – mãe – e que dê o melhor de você para seus filhos. Exceto por Deus e seu marido, tudo o mais é secundário.

4. Simplifique as coisas

Recentemente, li algumas estatísticas excelentes sobre mães. Você sabia que "70% das mães estadunidenses dizem que acham a maternidade hoje 'incrivelmente estressante'. De acordo com as notícias, 30% das mães de crianças pequenas sofrem de depressão. Recentemente, no Texas, 909 mulheres disseram aos pesquisadores que acham que cuidar dos filhos é tão divertido quanto limpar a casa, levemente menos prazeroso que cozinhar e muitíssimo menos agradável que assistir à televisão". [80]

Oh, eu já me vi nessa posição alguns dias (você sabe muito bem do que estou falando, aqueles dias loucos e perdidos em que toda mãe se afunda de vez em quando). Tudo que posso dizer é que ajuda simplificar as coisas. Talvez essa seja a maior tática de sobrevivência para as mães. A palavra "estressante"

---

[80] WARNER, Judith. "Mommy madness", *Newsweek, Inc.*, 21 de fevereiro de 2005, www. msnbc. msn. com/id/6959880/site/newsweek, citado de seu livro Perfect madness. England: Riverhead Books, divisão do Penguin Group (USA) Inc., 2005.

significa cansaço. É uma condição de tensão também causada por muita pressão. Para aliviar o cansaço e diminuir a pressão e a tensão, simplifique as coisas. Por exemplo...

- ❖ Faça menos saídas de carro. Tenha menos incumbências pessoais (observe que não mencionei as necessárias) quando as crianças estão com você. Escolha um ou dois dias por semana para cumprir as incumbências externas... em vez de fazer isso todos os dias.
- ❖ Coma refeições simples e as sirva de maneira simples. Jante mais cedo. Apronte as crianças para a cama – e as coloque na cama – mais cedo. Encerre o seu dia mais cedo.
- ❖ Bem, eu poderia prosseguir e mencionar coisas como organização e arrumar a desordem, contudo, para a maioria de nós, isso pode causar irritação ou acrescentar até mais pressão!

Quando você pensar em simplificar as coisas, pense na clássica fábula da tartaruga e da lebre. Quem vence a corrida? A tartaruga. Por quê? Porque a tartaruga estava serena, seguia tranqüilamente adiante e sem pressão. A lebre, entretanto, estava em todos os lugares, correndo aqui e ali, confusa e sem foco. A lebre, com toda pressa e alvoroço, perdeu de vista o objetivo. Tenho certeza de que você entendeu a mensagem: mantenha as coisas simples e constantes e não perca de vista o objetivo – de ser Mãe segundo o coração de Deus.

5. Não vá sozinha

Na Bíblia, Maria, a mãe de Jesus, tinha Isabel (veja Lucas 1). Paulo tinha Timóteo. Elias tinha Eliseu. Moisés tinha

Arão. Todos esses homens – e mães! – feitos poderosos por Deus, precisavam do encorajamento e da camaradagem de pessoas com mente semelhante à deles. Trataremos mais a respeito desse importante aspecto de sobrevivência para as mães no capítulo final. Por hora, contudo, lembre-se que Deus a cercou de outras mães. Com certeza, em sua igreja há as mães que estão no mesmo barco que você – o barco da maternidade. Há também mães mais velhas que estão um passo ou dois à sua frente nesse jogo da maternidade e, talvez, algumas tenham terminado o curso.

Deus instituiu a Igreja para incluir jovens mulheres e mães que podem e precisam aprender com mulheres e mães mais velhas, e também mulheres e mães mais velhas que podem transmitir sua sabedoria e apoiar as que são mais jovens e menos experientes. Ligue-se a outras mães. Permita que elas a guiem na direção certa – a direção de Deus. Deixe-as lhe transmitirem sabedoria – a sabedoria de Deus. Receba bem toda mão auxiliadora, todo coração orador e todo encorajamento que é muito necessário.

6. Viva um dia de cada vez

Se você pensar sobre isso, mesmo que por apenas um milésimo de segundo, começará a ver a maternidade como uma tarefa esmagadora. Eis aí você, encarregada de uma alma humana que viverá por toda a eternidade. É óbvio, Deus é o responsável supremo pelo destino eterno das crianças, mas, falando sob o aspecto humano, você e seu marido são responsáveis pelo desenvolvimento físico, mental e espiritual de seus filhos. Agora, antes que você fique muito ansiosa e tenha um colapso nervoso, aceite um conselho do coração de Jesus, o qual a acalma, pois Ele nos avisa que devemos apenas focar nossos esforços no hoje: "Não vos inquieteis, pois, pelo dia de amanhã; porque o dia de amanhã cuidará de si mesmo. Basta a cada dia o seu mal" (Mateus 6:34).

Minha amiga e companheira, apenas coloque seu foco em fazer a contagem de hoje. Procure ser a melhor mãe que puder ser... apenas por hoje. Oh, creia, você fracassará alguns dias, mas não desista. O prêmio é muito grande para não dar tudo de você a cada dia e em todos eles. Cuide apenas de um dia. Receba-o bem. Planeje-o. Viva-o. Aprecie-o. Avalie-o. Harmonize-o. (Acabo de receber um *e-mail* de uma mãe que iniciou uma escola em casa, admitindo que estava muito orientada para as tarefas, mas, depois de alguma avaliação, planejamento e harmonização, estava aprendendo a "se divertir" com as crianças. Ela escreveu: "Estamos caminhando a todo vapor!").

> **Semeie os seus melhores esforços hoje e colha as abundantes bênçãos de Deus amanhã.**

E o que acontece quando você começa a viver um dia de cada vez? Você se verá enfileirando um dia "melhor" atrás do outro. Não tenha pressa para que uma estação passe. Ela passará! Não deseje que o tempo de amamentação acabe, pois o cuidado com o bebê a mantém afastada de outras atividades. Não queira que acabe a fase de engatinhar ou andar titubeante em que as crianças se metem em todos os lugares. Não queira que acabem os "dois terríveis (ou seriam extraordinários?)" anos difíceis da adolescência ou os verões agitados. O que importa é onde está o seu coração e aproveitar os dias que vive com os seus filhos.

Depois, quando você, por fim, tiver modelado para seu filho, com a ajuda de Deus, uma vida bonita e cristã, pode se afastar com maravilhamento e dar graças. Você estará olhando para uma vida pronta para tomar seu lugar na sociedade, mais um cristão forte e vibrante. Uma vida que representa a próxima geração de Deus. Uma vida que começará o processo todo de novo em outra família e com novas pequenas almas. Como o salmista declarou: "[...] a sua [do Senhor] benignidade dura para sempre" (Salmos 100. 5).

— Resposta do coração —

Tenho certeza que já disse isso antes (e talvez de novo!), mas vale a pena repetir. Os cuidados maternais são um assunto do coração. Foque firmemente seu coração para dar tudo de si a cada dia que chega e não se preocupe com toda a sua vida. Tudo que Deus pede é que você libere tudo de si para ser mãe... apenas hoje. Um curto período de tempo de apenas 24 horas. E até algum tempo desse período (embora nunca seja suficiente!) será utilizado dormindo (se tudo correr bem!).

Lembre-se, dar todo o seu coração para ter as prioridades corretas é algo que começa com Deus. Procure-O primeiro, portanto, a cada novo dia. Conheça-o. Passe tempo com Ele. Ore e ofereça seu dia a Ele, com os "problemas" dele (Mateus 6:34) – você sabe, todos os acidentes, bolas curvas, interrupções e os Planos B's que, com certeza, surgem durante nosso dia. Tire sua energia Dele. Aponte seu foco para Deus com firme determinação.

A seguir, apresente suas prioridades como esposa diante de Deus. Depois, coloque seu alto chamado como mãe diante Dele. Reafirme quem você é e o que deve fazer... apenas hoje. Reveja suas prioridades – o que é importante para você e, mais importante, o que é importante para Deus. Aponte cada área da vida para Ele... apenas hoje.

Finalmente, quando você caminha ao longo do dia, "Reconhece-o em todos os teus caminhos, e ele endireitará as tuas veredas" (Provérbios 3:6). Quando surgir uma questão e uma opção para você, pare, pense e ore – mesmo que seja apenas por um segundo. Peça o conselho de Deus. Peça Sua sabedoria (Tiago 1:5). Envolva-O em todos os seus pensamentos durante o dia, em cada palavra que disser para seus pequenos tesouros. Torne-O o centro de tudo que você faz. Quando você segue essa prática, descobre que Ele, de fato, a guiará, passo a passo, ao longo do dia, auxiliando-a a fazer o seu melhor... apenas hoje. Ele a guiará e a capacitará para realizar os Seus propósitos, e um deles é ser mãe.

Tenho uns poucos versículos que me ajudaram a prosseguir em minha jornada como mãe e me inspiraram a continuar dando tudo de mim. Eu os uso a maior parte das vezes como um, mas os utilizo todos os dias, durante o dia todo: "Mas uma coisa faço, [...] [e] posso todas as coisas naquele que me fortalece" (Filipenses 3:13 e 4:13). Veja, o apóstolo Paulo, que escreveu essas palavras, tinha um objetivo. E esse objetivo exigia – e consumia – toda a energia dele. Ele nunca tirou os olhos de seu objetivo... nem nós devemos fazer isso. Ele deu tudo de si ... e nós também devemos dar. E o que Paulo fez quando as coisas ficaram difíceis, quando suas veredas se tornaram muito íngremes, que a sua energia fraquejou? Ele apenas tirou suas riquezas de Jesus Cristo (Filipenses 4:19). Porque ele podia *tudo* em Jesus Cristo, sua fonte de poder! E nós também podemos.

Do coração de um pai

Olá! Antes de ser mãe, você é esposa. Confiantemente, você faz tudo que pode para apoiar e amar a seu esposo (Tito 2:4). Você faz o seu melhor. Você procura lhe fazer "[...] bem, e não mal, todos os dias da sua vida" (Provérbios 31:12). Bem, mantenha o bom trabalho! Seu casamento será abençoado por Deus, e você terá um grande amigo em seu marido até muito depois que os filhos tenham crescido e partido.

O que dizer, contudo, de Provérbios 31:27: "Olha pelo governo de sua casa, e não come o pão da preguiça"? Você também tem olhado constantemente, como uma sentinela, por sua casa e por seus filhos? Nos tempos bíblicos, o vigia tinha uma função, um propósito – vigiar e advertir. Você, como mãe, tem um importante propósito ordenado por Deus – amar a seus filhos (Tito 2:4). Como você deve fazer isso?

Elizabeth tem ajudado você a ver como exercitar esse chamado em sua vida. Você ama os seus filhos, protegendo-os dos males e das ciladas que encontram fora dos muros de sua casa. E a melhor maneira de fazer isso é instruí-los nos caminhos de Deus, assim, quando eles deixam a casa paterna, estão preparados para a vida. E essa instrução começa cedo. Os comunistas disseram: "Dê-nos uma criança nos seis primeiros anos de sua vida e depois vocês a podem ter de volta". Por que seis? Eles sabiam, como também o sabem os cientistas e educadores, que a maior parte do aprendizado fundamental é incutida até os seis anos. Em seis anos, os comunistas podiam doutrinar tão completamente a criança na ideologia deles que ela seria deles pelo restante da vida.

A maioria dos pais, mesmo os cristãos, adia a instrução e espera até que seus filhos estejam "mais velhos". Na época em que a maioria dos pais cristãos engata a instrução espiritual a toda, falando do ponto de vista humano, na maioria das vezes, é muito tarde. A criança já foi estabelecida nos caminhos do mundo.

Mãe cristã, você tem procurado fazer o seu melhor para amar, instruir, vigiar e advertir os seus filhos? Ou você está um pouco preocupada com outras coisas? Você pegou um desvio? Seu foco principal está em tornar a vida divertida? Você, sutilmente, parou de vigiar os seus filhos? Você delegou a outros a tarefa de ensinar e de instruir seus filhos? Não entregue seus filhos para o mundo. Lute pela alma deles! Batalhe contra as forças do mal. Vigie e advirta, ore e aja. Empregos, passatempos e outras atividades vêm e vão, mas as almas deixadas para ser conduzidas pelo mundo podem ser perdidas por toda a eternidade. Ore, faça o seu melhor, e confie o resultado a Deus.

E se tiver de fazer isso sozinha? E se você for uma mãe solteira que tem de criar seus filhos para a vida e para Deus? Ou se seu marido viaja muito, ou se for convocado pelo exército, ou trabalha muito em horários difíceis, ou não ajuda na criação dos filhos? Nunca esqueça que, na verdade, você – e todas as mães – nunca estão sozinhas. Deus está presente! Ele conhece a sua situação. Ele sabe com o que cada uma de Suas mães tem de lutar e as dificuldades que enfrentam. Ele conhece seus filhos e suas lutas. Ele, contudo, ainda lhe pede uma coisa – que, como mãe, você procure fazer o seu melhor. Agradeça-lhe porque a graça do Senhor nos basta e Seu "[...] poder se aperfeiçoa na [sua] fraqueza" (2Coríntios 12:9)!

Pequenas escolhas que trazem grandes bênçãos

1. Avalie a sua agenda semanal normal.

Enumere mentalmente suas muitas responsabilidades e tarefas. Que pequenas escolhas você fez em termos de atividades, investimento de tempo e atividades pessoais que consomem a maior parte de seu tempo físico? Sua energia mental? Como essas escolhas harmonizam-se com as de Deus, em Tito 2:4: "[...] as mulheres novas [amem] aos seus maridos e filhos"?

2. Faça um novo começo hoje.

Como uma mãe ocupada, tenho certeza de que está chocada com a quantidade de tempo que, às vezes, utiliza com outras atividades do que com ser a melhor mãe possível. Quando, contudo, você analisar a sua agenda, comece a mudar as coisas. Que pequenas escolhas você pode fazer hoje para dizer "não" a outras atividades a fim de dizer "sim" a seus filhos? Charles Haddon Spurgeon, grande pregador, expressa esse aspecto desta maneira: "Cuide de suas ovelhas ou de onde conseguirá seu rebanho"?.

3. Seja pródiga em dar amor a eles.

Escreva "Três Maneiras de Amar meus Filhos Hoje" em um cartão de 7,5 x 12 cm e enumere três escolhas que pode fazer hoje para dizer: "Eu o amo, eu o estimo", para as pessoas pequenas e grandes que fazem parte de sua família. Faça um novo cartão a cada manhã para os próximos dias. O amor de Deus por você se renova a cada manhã... e seu amor por seus queridos também deve ser assim. Procure maneiras novas e pessoais de demonstrar amor por seus filhos.

4. Comece sendo uma mãe mais envolvida.

Se sua agenda a tem impedido de ser uma mãe mais envolvida na vida de seus filhos, ore e comece a fazer pequenas escolhas que possibilitem uma dramática reviravolta. Comece por escolher ficar mais envolvida no processo diário da vida deles. Escolha fazer parte da instrução diária deles. É natural que as pessoas – e, em especial, as crianças de todas as idades – se desviem e fiquem rebeldes quando são deixadas por conta própria. Provérbios afirma: "[...] a criança entregue a si mesma envergonha a sua mãe" (Provérbios 29:15). A mãe deve lembrar-se que a criança floresce na real presença da mãe quando lhes dão fortes e verdadeiros limites. Os limites que você estabelece são um indicativo de seu amor.

5. Agende sua sessão de estabelecimento de seus próprios objetivos.

Perdoe meu sorriso por colocar isso como uma "pequena escolha"! Na verdade, contudo, é uma pequena escolha tirar sua agenda e reservar um tempo para encontrar-se com Deus a fim de avaliar a sua vida. Não tem problema ir ao salão de beleza, fazer uma renovação visual que leva duas horas ou viajar para comparecer a um seminário profissional para aprender algo novo. Vá, contudo, à renovação derradeira! Aprenda as novas habilidades! Faça a tão importante pequena escolha de agendar seu encontro pessoal com Deus. Quem sabe? No dia em que fizer isso, esse bem pode ser seu dia memorável!

10

Fale com Deus a respeito
de seus filhos

> Não andeis ansiosos por coisa alguma; antes em tudo sejam os vossos pedidos conhecidos diante de Deus pela oração e súplica com ações de graças.
> **Filipenses 4:6**

Ouvi, com frequência, Jim ensinar a respeito de "o homem total". Na cultura grega dos tempos bíblicos, o homem total era completo em três áreas: corpo, alma e espírito. Todas as três áreas deviam ser educadas e amadurecidas. Os gregos trabalhavam o corpo, desenvolviam a mente e buscavam ter sintonia fina na consciência espiritual e na compreensão religiosa. Era necessário ter excelência nas três áreas a fim de ser considerado completo ou total.

A criança total

Aplica-se esse mesmo conceito na criação das crianças. Devemos preparar, educar e instruir "a criança total", sem negligenciar nenhum desses campos. Sob o aspecto físico, cuidamos de nossos filhos para assegurar, da melhor forma possível para nossa capacidade, que eles sejam saudáveis, fortes e totalmente desenvolvidos. No mental, nos asseguramos a que sejam educados e instruídos para a vida. No aspecto espiritual, contudo, ensinamos, instruímos, mostramos o caminho *e* oramos! Isso porque o desenvolvimento espiritual é uma batalha. Como o apóstolo Paulo explicou: "Pois não é contra carne e sangue que temos que lutar, mas sim contra os principados, contra as potestades, contra os príncipes do mundo destas trevas, contras as hostes espirituais da iniquidade nas regiões celestes" (Efésios 6:12).

> **Quem melhor para se orar a respeito senão os seus filhos, e quem melhor para conversar a respeito deles senão Deus?**

É nisso em que orar e ser uma mãe de oração focaliza. Neste capítulo, entramos na área em que nosso trabalho realiza mais por nossos filhos que tudo o mais que possamos fazer. É particular. É pessoal. É feito sozinho. E é espiritual. Falo da luta espiritual! Não se refere a nada que façamos *com* nossos filhos, pois fazemos isso sozinhas, ainda... que de alguma maneira... parece que isso realiza coisas maravilhosas *para* nossos filhos. Querida mãe, isso é orar e eis aqui "Os Cinco Principais" itens para sua lista de orações... a lista de oração de Mãe segundo o coração de Deus.

1. Ore para a salvação de seu filho

Enquanto Jim e eu estávamos apresentando uma palestra, nosso pequeno neto Ryan nasceu... quatro semanas mais cedo! Embora tivéssemos ajeitado nossa agenda para dar cobertura para a mãe dele e a família por duas semanas antes e depois da data prevista para o nascimento, ele escolheu nos surpreender. Sou muito agradecida ao coordenador do evento que imprimiu uma foto desse novo netinho para que Jim e eu pudéssemos ver sua aparência. Bem, nesse ponto me vi beijando sua fotografia e dizendo: "Há um pequenino por cuja salvação já estive orando!".

É assim que acontece com nossos filhos. Quando minhas filhas estavam crescendo, eu orava diariamente para que minhas duas meninas se tornassem cristãs, para que acreditassem em Jesus Cristo como seu Salvador. Orei, também, por mais de vinte anos por seus futuros cônjuges, para que eles amassem e pertencessem a Cristo. E, pela graça de Deus, nossas filhas e seus maridos formam duas famílias cristãs com sete filhos. E, adivinhe, estamos agora em dores para orar pela graciosa salvação de Deus para a próxima geração... e seus cônjuges... e... Bem, você entendeu o quadro. Isso se estende por toda a eternidade!

> **Quem melhor para orar no segundo aniversário do bebê que a mãe que deu vida à criança?**

Querida mãe, não sei quantos minutos diários você tem ou pode reservar para orar por seus filhos e pela salvação da alma deles, mas nunca podemos subestimar o valor e a importância de fazer isso. À medida que orei por minhas meninas no correr das décadas, fui criando um planejamento em minha agenda de orações. Esse planejamento não incluía "filhas". Ao contrário, incluía "Katherine & Courtney". Usar o nome delas era muito mais pessoal. Veja, elas eram (e são) minha paixão e meu tempo de oração para elas era (e é) um investimento eterno. Elas eram e são vitalmente importantes para mim. Dentro dessa seção, em minha agenda, eu tinha três páginas em que escrevi no diário:

❖ Página um – Orações gerais de pedidos para as duas.
❖ Página dois – Orações específicas com pedidos para Katherine.
❖ Página três – Orações específicas com pedidos para Courtney.

Com essa organização eu podia orar por questões gerais para as duas meninas – salvação, crescimento espiritual, segurança na escola, amigos, qualidades piedosas de caráter, envolvimento na igreja. Esses tipos de orações raramente mudavam e aplicam-se a todos os filhos, os meus e os seus.

Depois de tratar a respeito dos "grandes" assuntos – em que a vida eterna é o grande número um – eu ia para as páginas individuais e orava pelas preocupações específicas de cada uma de minhas meninas – respeito pelos pais, problemas médicos, hábitos, atitudes, qualquer dificuldade na escola, problemas de relacionamentos, entrevista de emprego, aceitação do pedido delas para a universidade. Como cada um de seus filhos é um indivíduo, essa é a única maneira de fazer sua lista sob medida para cada um deles.

Há muitas coisas pelas quais nós mães podemos orar por nossos filhos, mas não há absolutamente dúvida alguma de que a salvação deles está no topo da lista. Ore o que chamo de "A oração de Lídia", em Atos 16:14:

> Senhor, por favor, abre o coração [o nome de seu filho] para que ele(a) aceite a mensagem do evangelho.

Se isso, pela graça de Deus, se tornar uma realidade miraculosa, e quando isso ocorrer, comece, a seguir, a orar imediatamente pela "santificação" dele – para orar pelo crescimento espiritual dele, para que seja semelhante a Cristo.

2. Ore pelos amigos de seus filhos

Além da oração e do ensino que deve acompanhar e preparar o caminho para essa área fundamental na vida de cada criança – os amigos dela – a oração é a ordem de todo dia! Oração constante durante anos, e anos, e anos! Isso porque os amigos são vitais na vida da criança. O apóstolo Paulo afirmou: "Não vos enganeis. As más companhias corrompem os bons costumes" (1Coríntios 15:33). Provérbios também ensina: "Não faças amizade com o iracundo; nem andes com o homem colérico; para que não aprendas as suas veredas, e tomes um laço para a tua alma" (Provérbios 22:24,25). Portanto, mães, oremos!

Eis aqui como foi para mim, como mãe, orar pelos amigos. Quando ouvi minha filha conversar sobre seus amigos e quando os conheci um a um, coloquei os nomes de seus amigos na lista de orações de cada uma de minhas filhas. Orei pela salvação e pelo caráter cristão dos amigos delas. Orei pela situação deles em casa. Orei para que fossem uma influência boa para minhas meninas, e minhas filhas fossem uma boa influência também para eles!

Sempre que minhas meninas eram convidadas para a casa de alguma amiga ou para fazer algo com as amigas, também orava para que eu tivesse sabedoria. Aquela era a pessoa certa? O tipo certo de atividade? A quantidade certa de tempo (ou era demais)? O momento certo na vida delas? (Por exemplo, quando deviam começar a dormir fora e a passear nos *shoppings*?). A hora certa do dia? É claro, eu conversava sobre tudo com Jim, mas também conversava sobre tudo com meu Marido celestial.

E os amigos do sexo oposto? Todas as orações mencionadas eram dobradas – e triplicadas! – para essa delicada área que requer a atenção máxima por parte da mãe. Algo que nos ajudou demais foi a precaução e visão de meu marido. Ele fez nossas duas filhas escreverem, com as palavras delas, os padrões bíblicos para o tipo de namorado que deveriam ter. Essas listas foram escritas antes da adolescência e da pressão dos hormônios, e essas listas foram arquivadas com cuidado. Depois, quando algum cara vinha, Jim dizia: "Querida, vamos pegar sua lista e ver que padrões você estabeleceu para um namorado". E tirava a lista do escritório, e podíamos todos juntos examiná-la. O jovem está à altura do perfil traçado por Deus? Quando as meninas respondiam à pergunta, a decisão ficava óbvia... sem grandes emoções.

> Qualquer pessoa que o aproxime de Deus é seu amigo.

Essas listas manuscritas tornaram-se as diretrizes a respeito das quais nós *e* nossas filhas oramos diversas vezes. E depois, é claro, se algum rapaz se qualificava, seu nome ia para o topo da lista de orações da mamãe – e com letras maiúsculas! Agora aqui estava um assunto *muitíssimo* sério e a respeito do qual precisava apresentar a Deus!

Se fosse do meu jeito, pediria que, *por favor*, você lesse diariamente Provérbios com seu filho. Por que Provérbios? Primeiro, porque o propósito duplo do livro de Provérbios é "criar a habilidade e instrução para viver com devoção e sabedoria... e desenvolver o discernimento".[81] Como o escri-

---

[81] MacArthur, John. *The MacArthur study Bible*. Nashville: Word Publishing, 1997, p. 877.

tor de Provérbios explica o propósito do livro é "[...] dar aos simples prudência, e aos jovens conhecimento e bom siso" (Provérbios 1:4). Que bênção para nossos filhos! Segundo, porque muito desse pequeno livro de sabedoria tem a ver com os diferentes tipos de pessoas e situações e como reconhecê-los. Provérbios descreve, na linguagem do dia-a-dia, os que são bons e maus, justos e injustos, sábios e tolos. Nossos filhos, com profunda exposição ao livro de Provérbios, terão a sabedoria de Deus em relação aos tipos de amigos que devem escolher e àqueles que devem evitar a todo custo.

Não deixe, contudo, tudo por conta de Provérbios. Ore da maneira que apenas uma mãe pode fazer! Ore o conteúdo de Salmos 1:1,2:

> Senhor, conceda que [o nome de seu filho] não caminhe no "conselho dos ímpios", nem se detenha "no caminho dos pecadores", nem se assente "na roda dos escarnecedores", mas que ele [ou ela] tenha "seu prazer na lei do Senhor".

3. Ore pela pureza de seu filho

Anteriormente, compartilhei 1Tessalonicenses 4. Esse é um versículo maravilhoso sobre a pureza para você pregar e ensinar... e orar para seus filhos: "Porque esta é a vontade de Deus, a saber, a vossa santificação: que vos abstenhais da prostituição, que cada um de vós saiba possuir o seu vaso em santidade e honra, não na paixão da concupiscência, como os gentios que não conhecem a Deus; ninguém iluda ou defraude nisso a seu irmão [...]. Porque Deus não nos chamou para a imundícia, mas para a santificação" (v. 3-7). Fundamentada nesses versículos, você pode, resumidamente, ensinar, pregar e orar conforme as instruções a seguir:

- ❖ Deus revelou Sua preocupação com a pureza sexual.
- ❖ Mantenha-se afastado de todo pecado sexual.
- ❖ É possível controlar seu corpo.
- ❖ Os padrões de Deus são opostos aos do mundo.
- ❖ A expressão sexual é reservada para o casamento
- ❖ Nunca tente, provoque ou tire vantagem sexual de ninguém.
- ❖ Somos chamados para a santidade, e Deus nos ajudará a realizar esse chamado.

Mãe, minha companheira de oração, é por isso que oramos primeiro pela salvação de cada filho e, depois, pelas amizades deles. Os dois processos de oração pavimentam o caminho para esse que estamos tratando. Torne esses versículos de 1Tessalonicenses 4:3-7 e suas instruções para fazer uma oração que pode ser semelhante a esta:

> Senhor, oro para que [o nome de seu filho] se guarde de todo pecado sexual, que ele(a) aprenda a dominar o próprio corpo em santidade e pureza, que ele(a) não sucumba à tentação nem tire vantagem de outra pessoa, que ele(a) entenda que Deus nos chamou para dedicar-nos à santidade e à mais completa pureza.

4. Ore pelos trabalhos de escola de seu filho

Seus filhos são jovens? Assim, você, a mãe, deve tornar o aprendizado divertido. Mas fazer isso requer tempo. Ore, portanto, para ter o tempo de estar com eles e para que o aprendizado seja uma alegria quando vocês estão juntos.

Quando seus filhos ficarem mais velhos, é provável que não estejam tão motivados para aprender. Isso apresenta outra oportunidade para você orar por eles, para conversar com Deus sobre a educação e os trabalhos escolares deles. Em geral, o que a motiva a fazer algo? Usualmente, é saber por que alguma coisa é importante, certo? Se você tem uma razão, fica mais motivada para fazer o que deve. De novo, portanto, ore para que você possa ajudar seus filhos a entenderem a importância do aprendizado em geral e da lição de casa em especial. Sente-se com eles e explique o desejo de Deus de que façamos tudo bem feito, inclusive a lição de casa que é a maneira de nos prepararmos para o futuro – para um futuro de serviço a Deus e para o futuro que Ele tem em mente para cada um de nós. Em outras palavras, esse é o "porquê" disso.

> **Nenhum trabalho é pequeno demais que não mereça ser bem feito.**

Em todas as suas orações, portanto, ore pela disposição de seus filhos para trabalhar e pelo desejo de fazerem bem feito. Depois, acompanhe para ver como estão se saindo com a lição de casa. Deixe-os saber pelo seu envolvimento que você os ama e presta atenção ao modo que eles estão fazendo. E como lembrete, ore também para que eles tenham sabedoria – e você também – quando ajudar cada filho em determinado caminho prático ou a vocação que ele pode seguir.

Orei, por décadas, para as professoras de minhas filhas. Isso é uma obrigação de Mãe segundo o coração de Deus, quer seus filhos estejam em escolas oficiais, quer em escolas particulares. Ore para que Deus dê graça para os professores deles. Ore para que seus filhos sejam testemunhas consistentes da fé que eles têm em Deus. E se seus filhos estão em uma escola cristã, ore pelos seus professores e pela caminhada deles com Deus. Ore também em relação ao que os professores estão ensinando. A escola representa uma enorme parte da vida de toda criança, e isso ocupa uma parte enorme da vida dela e de sua vida de oração. E se você tiver escola em casa? Ore para ser diligente e fiel na preparação das aulas e para que seus filhos ouçam o que você tem a lhes dizer como professora. Suas orações devem cobrir todos os cenários educacionais. Ore o conteúdo de Colossenses 3:23:

> Senhor, "tudo" que [o nome de seu filho] fizer, inclusive sua lição de casa, faça-o "de coração, como ao Senhor, e não aos homens".

5. Ore pelo envolvimento de seu filho na igreja

É surpreendente como as crianças quando pequenas querem envolver-se em tudo em que você esteja envolvida, em especial na igreja. À medida que crescem, contudo, é preciso um pouco mais que isso. Por isso, Jim e eu oramos pela salvação de nossas filhas desde quando eram pequenas. A criança em que o Espírito Santo não habita torna-se menos e menos interessada na igreja. De novo, portanto, o ponto de partida para suas orações é o relacionamento com Cristo como Salvador.

E, enquanto você ora para que Deus abra os pequenos corações, continue levando-os à igreja. Isso ajudará a desenvolver neles o padrão de ir à igreja. Como somos pais cristãos, temos em nossa família o hábito de comparecer em todo culto de adoração da igreja. Nós nos certificávamos, também, que nossas filhas participassem de todos os grupos de atividades para a idade delas, inclusive de acampamentos. Sacrificamos tudo que era necessário, quer tempo, quer dinheiro, quer inconveniência. Não queríamos que elas perdessem nenhuma oportunidade para que o Espírito de Deus operasse em suas jovens e impressionáveis vidas.

Você e eu podemos – e devemos – orar longa e inflexivelmente em relação à participação de nossos filhos na igreja. Devemos também, contudo, lembrar que o envolvimento deles é influenciado pelo nosso envolvimento, em especial quando ficam mais velhos. Ore pelos clubes bíblicos, atividades da igreja, grupos de jovens, oportunidades de culto e acampamentos deles. Trate esses assuntos até como mais importantes que as lições de casa deles. E também coloque os professores da Escola Dominical ou os jovens pastores na lista de orações individuais deles. Essas pessoas são importantes na vida de seus filhos, e você deve orar com sinceridade por elas, pois ensinam seus filhos a respeito de Deus e do caminhar deles com Ele.

Ore esse paralelo de 2Pedro 3:18 e Efésios 4:15, no que se refere aos seus filhos e ao envolvimento deles na igreja, bem como à instrução que recebem ali:

> Senhor, que [o nome de seu filho] possa crescer "na graça e no conhecimento de nosso Senhor e Salvador Jesus Cristo". Que ele(a) possa crescer "em tudo naquele que é a cabeça, Cristo".

— Resposta do coração —

Pense, por um momento, a respeito da oração. Enquanto caminhamos juntas ao longo dessas dez maneiras de amar a nossos filhos, percebemos que há muito para nós *fazermos*. Por exemplo, devemos reservar um tempo para alimentar o nosso coração. Depois, devemos ensinar, falar, contar, instruir e cuidar de nossos filhos. E também devemos levá-los à igreja, ensiná-los a orar e fazer o nosso melhor. Há muita coisa para *fazer*.

Neste capítulo, contudo, como a mais importante maneira de amar nossos filhos, em sua derradeira categoria celestial, nós não *agimos*. Em vez disso, *oramos*. É um trabalho espiritual. Quando falamos com Deus a respeito de nossos filhos, cumprimos o ministério mais poderoso. É o momento em que rogamos, suplicamos, importunamos, apelamos e pedimos a Deus para que trabalhe na vida de nossos filhos. É quando vamos, com coragem, diante de nosso Deus e de Seu trono de graça e falamos com Ele sobre nossas preocupações em relação aos nossos filhos.

Quem, portanto, é Mãe segundo o coração de Deus? A mãe que se dedica a pregar e a orar. Você, independente da idade dos filhos, ensina as Escrituras para eles, os educa para Deus e guia a vida deles. (Essa é a parte de pregação da fórmula). E, é claro, você fala em toda e qualquer oportunidade a respeito de Deus para seu filho. (Essa pode ser considerada até mesmo a parte *mais* importante da pregação). Acima de tudo, contudo, você conversa com Deus sobre cada um de seus preciosos. E essa é a função da oração. E, mãe, nós fazemos tudo isso de coração... a vida toda! É o que faz a Mãe segundo o coração de Deus.

Do coração de um pai

Olá! Elizabeth sugeriu, no primeiro capítulo deste livro, que se fosse apropriado e se seu marido estivesse interessado, você deveria convidá-lo para ler minhas páginas "de um pai". Escrevi essas seções para sugerir como você pode ajudar seu marido a auxiliar na criação de seus filhos. Orar é uma das maneiras especiais em que vocês dois podem amar os seus filhos. Orar não é o mesmo que alimentar, vestir ou proteger seus filhos. Orar, contudo, é tão, ou mais, importante que qualquer coisa física que você possa fazer por eles. Orar também é uma oportunidade única para um pai. Deus ordenou que seu marido, como cristão, fosse o cabeça da família. Parte dessa responsabilidade envolve orar por você e seus filhos.

De imediato, lembro de Jó, do Antigo Testamento, um pai que orava por seus filhos. Sei que o mencionei antes, mas se seu marido estiver interessado em ter um modelo para seguir em suas orações pelos filhos, peça-lhe que leia Jó 1:1-5. Quando você ou ele lerem essa passagem, verão que as orações de Jó, como pai, envolviam três elementos:

❖ Primeiro, Jó orava com *foco* determinado. É provável que ele orasse por muitas outras coisas, mas nos versículos iniciais do livro que leva seu nome, Deus quer que saibamos que a família de Jó era a prioridade do tempo de oração dele. Ele tinha sete filhos e orava para cada um pelo nome (Jó 1:4,5).

❖ Segundo, Jó orava com *frequência*. Ele não orava de vez em quando. Ele orava com regularidade (v. 5).

❖ Por fim, Jó orava com *fervor*. Ele se levantava cedo para orar para cada um de seus filhos. Jó se preocupava com a condição espiritual deles. Seus pensamentos centravam em torno da conduta deles. Jó questionou em sua mente: "Talvez meus filhos tenham pecado, e blasfemado de Deus no seu coração" (v. 5). Ele, portanto, orava.

Jó fornece um modelo para todos que têm filhos – em especial, para os pais – seguirem quando se refere a orar por nossos filhos. Você, mãe, entretanto, nunca deve deixar de orar por seus filhos. Não presuma que seu marido está orando por eles. Ore para que ele esteja, mas certifique-se de que você ora por eles. E se vocês puderem, orem juntos por seus filhos.

> Como você pode perceber, sempre há muito pelo que orar também por seu marido, o pai dos seus filhos. Ore para que ele seja sensível em relação aos filhos. Ore para que ele assuma seu papel como líder espiritual da família, se ele ainda não estiver fazendo isso. Ore também para que seu marido leia esses poucos versículos sobre como Jó orava para os filhos. É óbvio que se seu marido não for cristão, não terá vontade de orar, portanto, ore para que ele se torne cristão. Elizabeth, conforme já observei tantas vezes, encoraja as mulheres com estas palavras: "A súplica de um justo [*mulher e mãe*] pode muito na sua atuação" (Tiago 5:16).

Pequenas escolhas que trazem grandes bênçãos

1. Organize páginas de oração para seus filhos.

Faça uma página geral e outra pessoal para cada criança. Depois, comece a registrar suas preocupações em relação a elas. Abordamos apenas "Os

Cinco Principais" itens neste capítulo, mas, é claro, que nós, as mães, temos muitas outras preocupações com nossos filhos. Faça, portanto, sua lista... e ore, ore e ore. Quando a benevolência e a graça de Deus forem reveladas em respostas e sua página estiver cheia com a vontade Dele em relação a suas orações, arquive-a. Eu arquivava as minhas em uma pasta de arquivo. Depois, à medida que o arquivo de folhas aumentou, logo precisei usar uma gaveta de arquivo inteira para guardá-las!

Conforme os anos de cuidados maternais passam, mesmo os mais sombrios e desconcertantes, assegure-se de rever as respostas para as orações anteriores. Seja abençoada muitas vezes. Fortaleça sua fé vezes sem conta quando se lembrar de cada situação e de como Deus operou em sua vida e na vida de cada um de seus filhos. Agradeça-lhe por sua fidelidade e bondade.

2. Peça reforço nas orações para os outros.

Você tem pais ou amigos íntimos cristãos? Quem melhor para orar com você em cada estágio do desenvolvimento espiritual e físico de seus filhos que um dos avós, uma tia especial ou um amigo de longa data confiável? Seja cuidadosa, contudo, para não ser muito específica em relação a alguma área da vida de seu filho. Você não quer trair a confiança de seu filho nem estragar, de maneira permanente, a opinião e as lembranças que outra pessoa tem de seu filho.

3. Reserve algum tempo todos os dias para orar para cada filho.

Deixe-me perguntar: se você não orar por seus filhos, quem o fará? Talvez, um pai ou avós cristãos? É possível, contudo, que em determinado dia, você seja a única que está orando por seu filho. Por favor, não deixe de orar nenhum dia. Seu filho precisa de suas orações. Você tem dez minutos? Essa é uma "pequena escolha" bastante razoável.

Esteja também ciente, contudo, de quanto mais filhos tiver, maior se tornará o tempo envolvido nisso. Conheço uma avó fiel que se comprometeu a orar 10 minutos quando nasceu seu primeiro neto. Agora, ela tem 24 netos e ora quatro horas por dia! Orar por seu filho é importante para você? Se for, então achará tempo para isso... não importa quantos filhos tenha.

4. Ore com cada filho todos os dias.

Esse grande privilégio, em geral, acontece na hora de dormir. Pergunte, em particular, a cada filho sobre o dia dele. Como foi o dia? Algum problema de relacionamento? Juntos orem pelo que aconteceu hoje e pelo que acontecerá amanhã. Não mande seu filho dormir sem orar. Logo essas oportunidades acabam. Aproveite essas oportunidades para ensinar-lhe a importância da oração e juntos verão como Deus responderá às orações conjuntas.

5. Ore de acordo com a agenda de seu filho.

Isso não é muito difícil com crianças de dois a nove anos, mas a vida e a agenda dos filhos de dezesseis ou dezessete anos podem ser bastante agitadas. Ao conhecer a agenda deles (que você descobre enquanto ora e os cobre na noite anterior – e sim, também me refiro aos adolescentes!), você saberá como orar conforme os eventos se desenrolam ao longo do dia. Depois, pergunte como foram as coisas quando eles retornarem para casa. E não esqueça de selar o relatório com outra oração.

6. Encontre passagens das Escrituras para orar.

Compartilhei algumas orações que fiz para minhas filhas – e ainda faço! – que usam as Escrituras. Por favor, use-as à vontade. Escreva-as em cartões com 7,5 x 12 cm e carregue-as com você... para todo lugar. Fique atenta, enquanto lê sua Bíblia ou participa de algum estudo bíblico ou vai à igreja, a outras passagens da Escritura para orar. Em João 17, Jesus orou por si mesmo. Aqui, você pode encontrar textos bíblicos ricos, do coração do Mestre Orador e Amante de nossa alma. E Paulo orou para seus discípulos. As epístolas contêm muitas orações do coração dele que você pode usar para seus "discípulos" pequenos e grandes. Colossenses 1:9-14 é um ótimo início. Quando você ora usando as Escrituras tem certeza de que ora de acordo com o desejo de Deus... e de que Ele a escuta (veja 1João 5:14).

Fazendo as escolhas que fazem a diferença

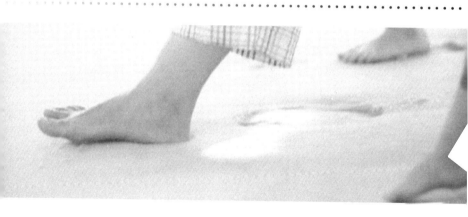

Fazendo as escolhas
que fazem a diferença

Reconhece-o em todos os teus caminhos, e ele endireitará as tuas veredas.

Provérbios 3:6

Você já esteve naquele ponto em que pensa que a agitação do mar turbulento da vida, por fim, acalmou-se (ou, pelo menos, está mais calmo!) e você pode velejar em águas calmas? Bem, foi dessa maneira que me senti logo depois de nos tornarmos uma família cristã. Jim tinha um bom emprego. Nossas filhas eram saudáveis. Voltávamos de nosso primeiro culto na igreja, com nossas Bíblias novinhas em folha nas mãos. Pelo menos, tínhamos um propósito na vida e um rumo para nossa família. Queríamos, em unidade, seguir a Jesus.

Aquele foi um domingo glorioso.

Depois, veio a segunda-feira. Nesse dia, Jim chegou do trabalho e me disse que queria sair do emprego, voltar para a escola e se preparar para entrar no ministério.

É desnecessário dizer que a agitação e a turbulência agitaram imediatamente o mar! Mas, dessa vez, havia algo diferente. Agora, eu tinha o Espírito Santo para me ajudar (veja bem, com paciência e autocontrole!). Minha resposta imediata foi: "Mas e aquilo tudo pelo que trabalhamos tanto até agora – uma casa bonita, mobílias que já compramos, as promoções no trabalho, seguro saúde e salário regular?". É claro que estava pensando apenas em mim mesma. Mas não fazia muito tempo que me voltara para os planos de Deus para a nossa família... e Sua paz. Juntos, Jim e eu, decidimos basicamente vender tudo e seguir a Jesus. Escolhemos deixar tudo para trás e seguir o chamado de Deus para a vida de Jim, a convocação para o ministério.

No entanto, não compartilho isso para dizer que você deve fazer o mesmo que fizemos. Não, Deus guia cada pessoa, marido, esposa, mãe e família para diferentes caminhos e em direções distintas. Compartilho isso para mostrar o impacto que uma escolha – apenas *uma* escolha! – de seguir a direção de Deus teve em minha vida e na vida de minha família. Aquela escolha colocou em movimento os mais extraordinários trinta anos de nossas vidas. E essa é apenas uma das muitas escolhas (esperemos que acertadas) que fizemos durante as décadas seguintes, quando nos esforçamos para seguir a Cristo de todo nosso coração. E as escolhas nunca são feitas no vazio. Sim, elas nos afetam pessoalmente, mas também afetam outras pessoas... como nossas filhas. Salientando nessa infância, a direção de nossas pequenas escolhas:

"Pequenas escolhas determinam hábitos; hábitos esculpem e moldam o caráter, que toma grandes decisões".

Os resultados de uma pequena escolha errada

Abraão, no Antigo Testamento, enfrentou um problema..., mas foi um problema bom. Veja, Deus o havia abençoado. Quando Abraão e seu sobrinho, Ló, vagueavam pela terra de Canaã em resposta ao chamado de Deus para a vida deles, eles juntaram manadas e rebanhos. Essas manadas representavam riqueza para os nômades como Abraão e Ló. Mas a terra não poderia prover sustento para os homens e as manadas (veja Gênesis 13:5-7). O dilema de Abraão era saber o que deveria fazer.

Graciosamente, Abraão decidiu deixar que seu sobrinho escolhesse entre duas direções e dois tipos diferentes de terra para suas manadas, pastores e família. Abraão explicou para Ló: "Se tu escolheres a esquerda, irei para a direita; e se a direita escolheres, irei eu para a esquerda" (v. 9). Em uma direção a terra era "bem regada [...] como o jardim do Senhor" (v. 10). A Bíblia não diz, mas a terra do outro lado devia ser menos desejável em seu cenário desértico.

> A história é feita cada vez que você toma uma decisão.

Ao dar a escolha a Ló, Abraão arriscava perder a primeira e melhor escolha, uma escolha que seria justo que ele, como o mais velho, fizesse. E, com certeza, o sobrinho tirou vantagem do que parecia ser uma boa decisão de negócios: manadas precisam de pasto e de água para sobreviver, certo? Ele, portanto, escolheu o ambiente que era bem regado e parecia um jardim.

Infelizmente, entretanto, espiritualmente essa não era a melhor escolha. Ló separou-se do bondoso Abraão e levou seu rebanho e sua família para as verdes pastagens perto de Sodoma e Gomorra. (Essas cidades lhe soam familiares?) No fim, a escolha de Ló – uma pequena escolha entre ir para a direita ou para a esquerda – teve consequências desastrosas. Deus julgou que essas duas cidades estavam cheias de pessoas pecadoras, mas poupou Ló e sua família. No entanto, Ló, no processo de purgação, perdeu tudo – seus rebanhos, sua esposa e, por fim, por assim dizer, perdeu seus filhos quando as filhas arruinaram suas vidas pela perda da pureza moral e sexual (veja Gênesis 19:1-29). Por que toda essa devastação? Por causa de uma pequena escolha errada.

Fazendo as escolhas certas

Falamos ao longo deste livro a respeito de tornar-se Mãe segundo o coração de Deus. Iniciamos olhando fundo em nosso coração para nos certificarmos de que verdadeiramente queríamos seguir os desígnios de Deus para nós, as mães escolhidas por Ele. Agora é o momento de colocar o amor e o que desejamos para nossos filhos para trabalhar e fazer mais algumas escolhas – e espera-se que sejam boas escolhas, as melhores escolhas – as escolhas que contam de verdade.

Ao longo do tempo, as mães de Deus têm feito escolhas acertadas – e, algumas vezes, escolhas difíceis. Por exemplo:

❖ A mãe de Moisés arriscou a própria vida ao escolher não seguir o decreto do rei. Ela, em vez de matar seu bebê, como fora ordenado, preservou a vida dele (veja Êxodo 1:22–2:10).

❖ A tataravó do rei Davi, Raabe (Mateus 1:5), arriscou a vida e escolheu esconder os espiões de Josué, em vez de entregá-los ao rei (Josué 2).

❖ Ana, a mãe de Samuel, fez a escolha de prosseguir com seu voto de entregar o seu único filho ao serviço de Deus (1Samuel 1–2).

Da mesma maneira que essas mães da Bíblia, nem todas as escolhas que você fizer serão fáceis. Algumas, de fato, serão custosas para suas ambições pessoais. E muitas de nossas decisões podem ir contra a cultura de nossa época. Outras requererão mais de seu tempo, já bastante exíguo. Essas escolhas, contudo, a longo prazo e no plano de Deus, são as certas – as escolhas de Deus – escolhas que contam para sua família agora, em tempos por vir e também na eternidade.

Por favor, à medida que começamos a nos despedir deste tempo que passamos juntas como mães, torne as escolhas a seguir um assunto de oração. Converse a respeito delas com Deus. Fale a respeito delas com seu marido. Essa lista, de maneira alguma, está completa. No entanto, ela reflete os tipos de escolhas que toda mãe tem de enfrentar. Quando você coloca o seu coração, e sua vida, e sua família diante de Deus, Ele a guia para fazer as escolhas certas. Pois Ele é Aquele que promete: "Instruir-te-ei, e ensinar-te-ei o caminho que deves seguir; aconselhar-te-ei, tendo-te sob a minha vista" (Salmos 32:8). Na verdade, o Senhor dirige seus passos e "ele será [seu] guia até a morte" (Salmos 48:14; Provérbios 16:9).

Escolha deixar seus sonhos pessoais à espera

Coloque *seus* sonhos, sua carreira e objetivos educacionais, o desenvolvimento de seus passatempos e habilidades à espera. Você não precisa acabar com seus sonhos. Apenas deixe-os em segundo plano, enquanto você vive seu papel de mãe em um ritmo assustador. Se uma folga no tempo vier junto, então você pode ter aulas ou participar de algum seminário especial e siga até o fim, dando um passo de cada vez.

Em alguns capítulos, comentei como escolhi deixar o programa de mestrado e focar a atenção em minha casa e família. Com efeito, quando fiz essa escolha, estava determinada a ser a melhor mãe e esposa que podia ser... e esses dois pontos tornaram-se um compromisso de tempo integral.

Quando, contudo, entrei na rotina da maternidade e fiquei mais organizada em casa, tive consciência de que havia certos momentos do dia que podia reservar um tempo lendo e estudando. Inscrevi-me, portanto, em um curso por correspondência no Moody Bible Institute (Instituto Bíblico Moody).[82] Ainda me lembro que, quando terminei o curso, esperei ansiosamente por minhas notas. Depois, eu poderia me inscrever para a próxima aula da série e caminhar um pouco mais. Comecei, também, a memorizar versículos bíblicos naqueles momentos casuais durante o dia, como quando as meninas tiravam um cochilo ou enquanto assistia à natação delas e à equipe de ginástica no parque.

> A vida não é o resultado dos sonhos sonhados, mas das escolhas feitas.

---

[82] Moody Bible Institute Distance Learning, 820 North LaSalle Blvd., Chicago, IL 60610, 1-800-758-6352 ou verifique no www. mdlc. moody. edu.

Em tempo, após alguns anos, meu sonho se tornou realidade. Completei todos os cursos bíblicos disponíveis. Não, não tirei um título. Não era isso que eu queria. Alcancei, contudo, o que sonhei – maior compreensão e conhecimento da Bíblia, tudo conseguido em bocados de tempo, aqui e ali.

Quais são os seus sonhos? Confesse-os, escreva-os, ore a respeito deles... mas administre-os. A sabedoria de Eclesiastes nos ensina: "Tudo tem a sua ocasião própria, e há tempo para todo propósito debaixo do céu" (3:1). Alguns específicos estão espalhados pelos versículos de 2 a 8: "Há [...] tempo de plantar [...] tempo de edificar [...] tempo de guardar [...] tempo de amar". Em outras palavras, o controle do tempo é importante. Devemos nos concentrar em fazer as coisas certas no momento certo em nossa vida. "As atividades terrenas soam boas no tempo e no lugar apropriados, mas são inúteis quando buscadas como o objetivo principal de nossa vida".[83] Tudo na ocasião própria!

Escolha colocar em primeiro lugar as pessoas

A família está em primeiro lugar. É o que Tito 2:3-5 nos ensina. Nessa passagem, aprendemos que a mulher idosa deve ensinar a jovem a: número 1 – "amarem aos seus maridos", e número 2 – "e filhos". Essa é a ordem divina de Deus. Escolha, portanto, dar para as primeiras pessoas de sua vida os primeiros frutos de seu tempo, amor e energia.

Nao posso ajudar em relação ao que deve ter prioridade em nossos esforços, mas penso na mãe de Moisés (Joquebede)

---

[83] MacArthur, John. *The MacArthur study Bible*. Nashville, TN: Word Publishing, 1997, p. 929.

e na de Samuel (Ana). Elas sabiam – e praticavam – suas prioridades. Cada uma dessas "mães segundo o coração de Deus" tinha apenas um bocado de anos – cerca de três – para incutir as instruções para uma vida de amor e de bondade em seus menininhos. E, depois, Joquebede levou de volta Moisés para a filha do Faraó para ser criado no palácio. E Ana levou o pequeno Samuel para ser criado sob a tutela do sacerdote Eli. E se... elas não tivessem dado tudo para seus pequenos durante o tempo que tiveram? E se... elas não tivessem se levantado todas as manhãs para incutir tudo delas dentro dos corações ansiosos? E se... elas não estivessem lá? E se... elas tivessem se consumido em outras atividades? E se... elas não tivessem levado a sério cada dia que tinham à disposição como mães? E se... ?

Mas elas estavam dispostas a isso... e fizeram! E você e eu – e toda a humanidade – é melhor por isso. Esses dois meninos se tornaram homens que serviram poderosamente a Deus e ajudaram a mudar o mundo.

Escolha ser mentoreada

Eis aqui outro pequeno conselho de Tito 2. Os versículos 3 e 4 dizem: "[...] as mulheres idosas [...] ensinem as mulheres novas a amarem aos seus [...] filhos". O plano de Deus para nós, as mães, é que aprendamos com essas mães que viveram antes de nós, que levaram sua maternidade a sério, que podem mostrar-nos como fazer e que podem nos encorajar em nosso papel de mãe.

Um dia, enquanto lia a coletânea de livros de Jim sobre o ministério de mentor do apóstolo Paulo, aprendi a história do termo "mentor". A lenda diz que um homem chamado

Mentor era o tutor de Telêmaco, cujo pai, depois da Odisseia, deixou a casa por quase uma década para lutar na guerra de Troia. Em essência, Mentor criou Telêmaco, educou-o e o instruiu para a vida. Por isso, mentor é aquele que orienta, educa e instrui.

É provável que eu tenha afirmado na maioria de meus livros que Deus me concedeu o presente de ter muitos tutores durante meus anos de crescimento na fé cristã. Essas mulheres maravilhosas me colocaram na direção bíblica, ajudaram a acelerar meu crescimento em Cristo e foram modelos de como uma mulher, esposa e mãe cristã, deve ser. Como alguém que se beneficiou por ter uma mentora, meu conselho é que você escolha ser mentoreada.

Como? Primeiro, ore. Depois, procure à sua volta uma "mulher idosa", uma mentora, para discipular você em seus diferentes papéis de "mãe". Quem parece amigável? Quem se interessa por você, jovem mãe? Quem, de alguma maneira, ficou mãe em época próxima à sua? Ore de novo e, depois, a aborde com a pergunta Número Um ou o problema do momento. Você pode fazer isso em alguns minutos pelo telefone, pode conversar brevemente com ela na entrada da igreja ou, talvez, para você, seja melhor encontrar-se por um momento, mesmo se for com seus filhos e os dela no parque ou em uma lanchonete com área para as crianças brincarem. Depois, faça-lhe a seguinte pergunta... e a próxima... e *voilá*! Você já tem uma mentora!

Outra maneira de ser mentoreada é se unir a um grupo de mães ou de MOPS (Mães de Pré-escolares). O MOPS International (Mães de Pré-escolares Internacional) é uma associação cristã bem organizada que tem mentoras mais velhas e figuras-mãe que ajudam as mães jovens. Uma de minhas filhas está ativamente envolvida em um desses grupos e me diz, constantemente, que está aprendendo muito ali. Esse é um meio de contato importante para ela e para as outras mães.

Escolha ler Provérbios

Tenho certeza que você percebeu que ao longo do livro me refiro, com frequência, ao livro de Provérbios. Provérbios é um dos livros sábios da Bíblia e nos dá sabedoria para saber como lidar com relacionamentos, inclusive com nossos filhos. Fui desafiada, como nova cristã, a ler um capítulo por dia do livro de Provérbios. Com o passar dos anos, essa prática envolveu o meu coração, alma e mente com as direções de Deus sobre como devia interagir com as pessoas, inclusive minhas filhas.

> **Seu nível de maturidade está em relação direta com sua habilidade em tomar decisões sábias.**

Por exemplo, você tem buscado ter sabedoria em relação às oportunidades diárias que seus filhos lhe dão para disciplá-los e instruí-los? O livro de Provérbios apresenta a resposta para todos seus dilemas. Encontrei esses princípios, que chamo de "Os Três E", quando precisava saber como tratar certos problemas comuns de desavença entre irmãos.

E- scolher a sorte – ajuda a acabar com as disputas (Provérbios 18:18)

E- ducar – ajuda a diminuir a tensão (Provérbios 29:17)

E- xpulsar o instigador – ajudar a restabelecer a paz (Provérbios 22:10)

Leia Provérbios. Aprenda suas instruções, ganhe a sabedoria de Deus e coloque isso para funcionar em sua casa. Depois, vire-se e passe isso para a próxima geração. Ajude seus filhos a amar e a apreciar o livro de Provérbios tanto quanto você. Esse livro lhes dará sabedoria para a vida!

Escolha estudar as mães da Bíblia

Oh, isso sempre é uma de minhas paixões! Tenho livros e livros nas prateleiras de minha biblioteca sobre as mulheres da Bíblia. Ler a respeito da vida delas como mães sempre me encorajou, desde que minhas filhas usavam fraldas! Essas mães continuam a me ensinar, como mãe, lições e princípios valiosos – alguns pelo lado positivo e, infelizmente, outros pelo negativo.

Ler sobre a vida delas nos faz ficar face a face com as grandes mães de fé – Eva, Sara, Rebeca, Joquebede, a mãe de Sansão, Noemi, Ana, a mãe de Provérbios 31, Isabel e Maria. Que aprendizado perceber como elas lidavam com os desafios e as provações diários, algo que todas as mães enfrentam! E que delícia ver como amavam a seus filhos, contavam-lhes sobre Deus, cuidavam deles, os instruíam, falavam com Deus sobre eles e procuravam fazer o melhor que podiam! E essa instrução é direta – da Palavra de Deus para o seu coração!

— Resposta do coração —

Quando orei a respeito de como terminar não apenas este capítulo, mas o próprio livro, reservei essa "escolha" para o fim – *escolha sua atitude*. Por quê? Porque isso é algo que você pode fazer imediatamente. É uma pequena escolha que você pode fazer em seu coração neste minuto. E lhe prometo, é uma pequena escolha que traz g-r-a-n-d-e-s bênçãos... todos os dias e para sempre!

Ser mãe não-crente foi uma época difícil e desesperada em minha vida. Com dois bebês, eu era a Old Mother Hubbard (Velha mãe Hubbard) – tinha apenas 25 anos e com tantas filhas que não sabia o que fazer! E, depois, sendo uma mãe nova convertida, comecei a entender meu papel e a aceitar minha responsabilidade. Aprendi também que a Bíblia considera os filhos como "[...] herança da parte do Senhor" e um "galardão" (Salmos 127:3), quem tem filhos é abençoado por Deus.

Assim, abracei o papel de "mãe" exaltado por Deus. E lidei com minha atitude. Conforme um estudioso adverte, a linguagem da Bíblia nos chama, como cristãos, "a mudar nossas atitudes e ações em relação" aos filhos e à maternidade. [84] De acordo com a Palavra de Deus, eu, como uma de Suas mães, devia exibir certas atitudes de coração, bem como viver – e sobreviver – direcionada por elas.

Que tipo de mãe Deus quer que eu – e você – sejamos? Resposta: uma que carregue sua maternidade com estas atitudes de coração e desta maneira:

❖ **Sinceridade** – Seja o que for que fizer, inclusive ser mãe, faça-o de coração como se fosse para o Senhor (Colossenses 3:23).

---

[84] GETZ, Gene A. *The measure of a woman*. Glendale, CA: Reagal-Gospel Light Publications, 1977, p. 73.

❖ **Fidelidade** – Seja fiel em todas as coisas, em especial em seu papel de mãe (1Timóteo 3:11).

❖ **Boa vontade** – Faça de boa vontade seu trabalho como mãe, com as duas mãos e de todo seu coração (Provérbios 31:15).

❖ **Excelência** – Muitas mães desempenham bem, mas procure exceder a todas elas (Provérbios 31:29).

❖ **Júbilo** – Regozije-se sempre, não importa o que seu trabalho como mãe exija (1Tessalonicenses 5:16).

❖ **Devoção** – Ore sem cessar enquanto faz tudo o que ser Mãe segundo o coração de Deus requer (1Tessalonicenses 5:17).

❖ **Gratidão** – Em tudo, especialmente no ser mãe, dê graças, pois esse é o desejo de Deus em Jesus Cristo para você (1Tessalonicenses 5:18).

Minha amiga, que você possa ser essa mãe – Mãe segundo o coração de Deus... a mãe que você quer ser.

Do coração de um pai

Olá! Conta-se que a mãe de Billy Graham era apenas a esposa de um fazendeiro de gado leiteiro, a qual nunca dirigiu um comitê nem um estudo bíblico na igreja e, tampouco, projetou-se em qualquer contribuição pública. A contribuição dela em casa, entretanto, teve consequências eternas. A mãe de Billy orou fervorosamente durante dezessete anos, até que ele fosse salvo. Depois, ela passou os cinquenta anos seguintes de sua vida orando por Billy e seu ministério. A sra. Graham escolheu focar a atenção em sua casa e em sua família. É óbvio que essa escolha trouxe dividendos eternos.

Minha mãe também focou sua atenção em ser a melhor esposa e mãe que podia ser. Houve aqueles anos incertos em que ela se sentiu um pouco desencorajada por causa de minhas escolhas e conduta, mas ela nunca desistiu de mim. E, pela graça de Deus e pelas orações persistentes de minha mãe, eu, por fim, converti-me. Depois, ela orou e me encorajou até o dia em que morreu, mesmo depois de se mudar para perto de nós, quando ficou viúva, para que pudesse estar perto para ajudar com nossa família e nos esforços com o ministério. Ela foi uma excelente mãe e avó, e sua morte, de fato, deixou um grande vácuo em nossas vidas.

As escolhas são algo engraçado. Ninguém pode fazer escolhas por você. Em última instância, o que você escolhe para focar seu tempo e vida é entre você e Deus. Sei que também falo por Elizabeth quando a incentivo a procurar a sabedoria de Deus e o conselho de seu marido, e de homens e mulheres cristãos quando faz suas escolhas sobre como viver seu papel de mãe.

Como pai, olhando para minha família hoje e para o papel que Elizabeth teve na vida de nossas filhas, pergunto-me como teria sido se ela não tivesse escolhido colocar seu foco em nossas filhas. E se...

- ... ela não tivesse estado lá durante os anos da pré-escola quando a maioria dos aprendizados fundamentais acontece? Se ela não estivesse lá para ler as histórias bíblicas, corrigir os maus hábitos e, pessoalmente, assegurar-se de que a mente de nossas filhas fosse preenchida com as coisas de Deus, e não com as coisas do mundo?

- ... ela não tivesse estado lá, pois como muitos pais que têm empregos de mais de cinqüenta horas semanais, meu trabalho exigia longas horas e noites ou fins de semana longe de casa, quando passei semanas, na época, em viagens missionárias e liderando conferências?

... ela não tivesse estado lá durante os anos de adolescência quando os hormônios e as emoções estão à solta? Se ela não estivesse lá para enviar nossas filhas para a escola e estar lá, à porta, esperando por elas com um sanduíche e refrigerante e ouvidos preparados para ouvir?

... ela não estivesse lá para elas durante aqueles anos no início da vida adulta, quando se tomam as decisões quanto à preparação da carreira e aos companheiros para a vida? Se ela não estivesse disponível para as meninas a qualquer hora do dia ou da noite, quando elas apenas precisavam conversar?

... ela não estivesse lá quando as meninas começaram suas próprias famílias, e os bebês chegaram? Se ela não estivesse pronta, desejosa e apta para pegar um avião cada vez que um neto nascia a fim de cuidar tanto do bebê quanto da mãe, até que nossas filhas estivessem aptas para reassumir suas atividades normais? Ou, até mesmo, se não estivesse disponível para escutar os lamentos de uma filha desalentada depois que ela teve uma gravidez naturalmente interrompida?

Elizabeth, contudo, estava lá e tem estado lá há mais de trinta anos. Todos os maravilhosos momentos retratados foram possíveis, em parte, por causa das escolhas de uma mãe que focou sua vida e energia em duas meninas que cresceram para ter sete pequeninos elas mesmas.

Que escolhas você está fazendo? E há alguns momentos que você perde por causa de algumas escolhas que fez? Não é muito tarde para mudar o curso das coisas. Não estou aqui para fazê-la sentir-se culpada. Sei que você ama os seus filhos. E sei que você quer ser uma boa mãe porque está lendo as páginas finais de um livro sobre a Mãe segundo o coração de Deus. Eu também sei que você e seu marido têm objetivos que estabeleceram juntos.

Um dia, você e seu marido olharão para trás para ver as escolhas que fizeram. Que bênção é saber que você procurou a sabedoria de Deus quando tomou suas decisões, que você foi uma verdadeira mãe segundo o coração de Deus! Parabéns por seu desejo de criar filhos segundo o coração de Deus e conforme seu chamado para ser mãe. Esse é um chamado do alto e um grande privilégio!

Calendário para momentos de quietude

Janeiro		Fevereiro	
1		1	
2		2	
3		3	
4		4	
5		5	
6		6	
7		7	
8		8	
9		9	
10		10	
11		11	
12		12	
13		13	
14		14	
15		15	
16		16	
17		17	
18		18	
19		19	
20		20	
21		21	
22		22	
23		23	
24		24	
25		25	
26		26	
27		27	
28		28	
29		29	
30			
31			

Calendário para momentos **de quietude** 251

Março		Abril	
1		1	
2		2	
3		3	
4		4	
5		5	
6		6	
7		7	
8		8	
9		9	
10		10	
11		11	
12		12	
13		13	
14		14	
15		15	
16		16	
17		17	
18		18	
19		19	
20		20	
21		21	
22		22	
23		23	
24		24	
25		25	
26		26	
27		27	
28		28	
29		29	
30		30	
31			

Maio		Junho	
1		1	
2		2	
3		3	
4		4	
5		5	
6		6	
7		7	
8		8	
9		9	
10		10	
11		11	
12		12	
13		13	
14		14	
15		15	
16		16	
17		17	
18		18	
19		19	
20		20	
21		21	
22		22	
23		23	
24		24	
25		25	
26		26	
27		27	
28		28	
29		29	
30		30	
31			

Calendário para momentos **de quietude** 253

Julho		Agosto	
1		1	
2		2	
3		3	
4		4	
5		5	
6		6	
7		7	
8		8	
9		9	
10		10	
11		11	
12		12	
13		13	
14		14	
15		15	
16		16	
17		17	
18		18	
19		19	
20		20	
21		21	
22		22	
23		23	
24		24	
25		25	
26		26	
27		27	
28		28	
29		29	
30		30	
31		31	

Setembro		Outubro	
1		1	
2		2	
3		3	
4		4	
5		5	
6		6	
7		7	
8		8	
9		9	
10		10	
11		11	
12		12	
13		13	
14		14	
15		15	
16		16	
17		17	
18		18	
19		19	
20		20	
21		21	
22		22	
23		23	
24		24	
25		25	
26		26	
27		27	
28		28	
29		29	
30		30	
		31	

Calendário para momentos **de quietude** 255

Novembro		Dezembro	
1		1	
2		2	
3		3	
4		4	
5		5	
6		6	
7		7	
8		8	
9		9	
10		10	
11		11	
12		12	
13		13	
14		14	
15		15	
16		16	
17		17	
18		18	
19		19	
20		20	
21		21	
22		22	
23		23	
24		24	
25		25	
26		26	
27		27	
28		28	
29		29	
30		30	
		31	

Sua opinião é importante para nós.
Por gentileza, envie-nos seus comentários pelo e-mail:

editorial@hagnos.com.br